Mit allen Sinnen durch die Anden Ecuadors

Kraftorte erleben – typische Gerichte kochen – in die Kultur eintauchen

Kirsten Frangenberg

IMPRESSUM

Umschlaggestaltung: Cover Create, Amazon
Bildnachweis: Kirsten Frangenberg. Profilfoto: Photographic Berlin - Vivian Werk, Bildrechte: Kirsten Frangenberg
Kreativmentoring und Lektorat: Béatrix Rautenberg

ISBN: 978-3-9825863-1-1

Name und Anschrift:
Kirsten Frangenberg, Käthe-Niederkirchner-Str. 3E, 14513 Teltow

https://kirstenfrangenberg.com
mail@kirstenfrangenberg.com

Materialien zu diesem Buch findest du unter:
https://kirstenfrangenberg.com/kraftorte-audios

Haftungsausschluss

Dieses Buch stellt Informationen in Bezug auf den behandelten Gegenstand zur Verfügung, um zu bilden und zu unterhalten. Alle Angaben sind nach bestem Wissen recherchiert und teilweise aus Eigenerfahrung erstellt, jedoch ohne Gewähr auf Vollständigkeit und Richtigkeit. Trotz sorgfältigem Lektorat können sich Fehler einschleichen. Die Autorin ist dankbar für diesbezügliche Hinweise. Jegliche Haftung ist ausgeschlossen.

Dieses Buch widme ich allen, die mir wunderbare Erfahrungen in Ecuador ermöglicht haben und ermöglichen, insbesondere:

Aleitha & Feyona

Familia Dávila Jijón

INHALT

Einleitung

Wie alles begann...

Als ich vor vielen Jahren erstmals in Quito, der Hauptstadt Ecuadors, ecuadorianischen Boden betrat, hatte ich ein Déjà-vu. Mir war so, als ob ich diese Stadt schon kannte. Überrascht und etwas verwirrt blieb ich vor dem Flughafengebäude stehen und wollte gar nicht ins wartende Taxi einsteigen. Ich spürte ganz klar: Hier war ich schon mal! Aber wann nur? Dieses Gefühl der Vertrautheit verwirrte mich, denn mir fiel partout nicht ein, wann das gewesen sein sollte.

Mehrfach durchforstete ich mein Leben und meine vielen Reisen, die mich auch durch eine Reihe lateinamerikanischer Länder geführt haben. Ecuador tauchte jedoch nirgends auf. Das Gefühl der Vertrautheit blieb und wuchs. Ich erklärte es mir mit einer "Liebe auf den ersten Blick". Je mehr ich die Stadt, das Land und seine Bewohnerinnen und Bewohner kennenlernte, desto tiefer wurde diese Liebe, und umso mehr wuchs meine Begeisterung.

Ich besuchte Ecuador mehrmals im Jahr und bereiste die unterschiedlichen Regionen, von der Pazifikküste über die Anden bis in den Regenwald. Spektakuläre Naturerlebnisse erweiterten meinen Horizont. Aus Begegnungen mit interessanten und wundervollen, sehr herzlichen Menschen wurden wertvolle Freundschaften und mehr: Ich fand meine Familie vor Ort.

Ich lernte viel über Ecuador und seine Kultur. Seither verbringe ich einen Gutteil des Jahres in diesem lateinamerikanischen Land, das mein Herz im Sturm eroberte.

Dann passierte etwas, was ich niemals für möglich gehalten hätte und was mich zunächst sehr aus der Bahn warf: Bei mir wurde eine Krebserkrankung diagnostiziert. Eine heftige Krise!

Nun haben Krisen die Eigenschaft, dass sie lebensverändernd sind, wenn wir uns der Herausforderung stellen. Intuitiv wusste ich, dass der Schlüssel für meine Heilung in Ecuador lag. Also zog ich kurzerhand entschlossen dorthin. In meiner persönlichen neuen Situation und mit großer Offenheit erlebte ich die Natur dort auf eine nochmal andere und völlig neue Art. Mir eröffnete sich der Zugang zu den Kraftorten, von denen es vor allem in der Andenregion viele gibt.

Kraftorte sind besonders hochschwingende, energiegeladene Plätze in der Natur. Vorher hatte ich bereits Kraftorte, zum Beispiel eindrucksvolle Wasserfälle, besucht. Es waren intensive Naturerfahrungen. Nun jedoch war ich bereit, einen Schritt weiter zu gehen, ihre Energie zu empfangen und für mich zu kanalisieren. Ich erlebte eine wunderbare Zeit des Heilwerdens. Meine Freude an Ecuador und meine Begeisterung potenzierte sich!

Begeisterung hat die Eigenschaft, dass sie aus uns heraus quillt. Ich konnte nicht anders, als meine Begeisterung zu teilen. Bald geschah dies nicht nur in Gesprächen, sondern auch in einem Blog und in den sozialen Medien. Daraus entstand die Idee, ein Buch zu verfassen. Das Ergebnis hältst du nun in den Händen, liebe Leserin, lieber Leser.

Worum geht es?

Es geht um Reisen mit allen Sinnen. Daher findest du hier unterschiedliche Impulse und Formate, die deine Sinne ansprechen, so dass Ecuador für dich bereits beim Lesen, ohne dass du ecuadorianischen Boden betrittst oder das Land schon mal besucht hast, erlebbar wird.

Reisebeschreibungen

Ich nehme dich mit auf eine Reise durch die Andenregion Ecuadors zu ausgewählten Orten. Dies geschieht zum einen in Form von Beschreibungen, nützlichen Reise- und Hintergrundinformationen und Erlebnisberichten. Der Fokus liegt stets auf dem Erleben, denn so verstehe ich Reisen: Indem ich mit allen Sinnen in eine neue Welt, in einen bislang unbekannten Ort eintauche, erschaffe ich mir eine bleibende Erinnerung.

Innere Reise zu Kraftorten

Parallel zur äußeren Reise begeben wir uns auf eine innere Reise, bei der uns die hochschwingenden Orte in der Natur Ecuadors bestärken und beflügeln. Wir besuchen Orte, an denen ich lernte, meine Wahrnehmung zu schärfen, indem ich achtsam bin und mich für meine Intuition öffne. So konnten und können diese hochschwingenden Orte ihre Transformationskraft entfalten. In meditativen Impulsen leite ich dich an, in diese Energie einzutauchen. Dazu musst du nicht physisch verreisen. Die Verbindung zu den Kraftorten kannst du auch durch das Lesen von deinem Sofa aus herstellen. Ich führe dich dadurch – du darfst loslassen und dich einlassen.

Die Meditationen an Kraftorten kannst du dir hier als Audio anhören: https://kirstenfrangenberg.com/kraftorte-audios.

Rezepte typischer Gerichte

Und schließlich kommt der Genuss nicht zu kurz! Essen und Trinken sind für mich Eingangstore zu einer anderen Kultur. Regionale Produkte und Zubereitungsweisen lassen mich ein neues Land im wahrsten Sinne des Wortes „schmecken". In Ecuador ist das ein abwechslungsreiches und buntes Erlebnis, so vielfältig wie seine Geographie, Fauna und Flora.

Wie kleine Genuss-Sprenkel begleiten die Rezepte einiger meiner Lieblingsgerichte unsere Reise durch die Anden. Koche sie nach, und erlebe dieses wunderbare Land, indem du dich „hineinschmeckst"!

Da ich das Glück habe, in einer wunderbaren ecuadorianischen Familie zu leben, die gutes Essen über die Maßen schätzt, kann ich von der besten aller Köchinnen lernen. Señora Susanna lernte seit ihrer Kindheit kochen. Knapp 16-jährig heiratete sie und kochte fortan für die stetig wachsende Familie. Sie ist inzwischen über 80 Jahre alt und mehrfache Urgroßmutter. Gerne schwingt sie heute noch selbst den Kochlöffel. Vor allem aber erklärt sie voller Begeisterung allen Kindern und Enkelkindern die typischen Zubereitungsweisen. Für sie ist es ein Leichtes, ein klassisches Fleischgericht auch in eine vegane Variante zu verwandeln, oder, wenn bestimmte Zutaten fehlen, einem Essen dennoch den gewissen Pepp zu geben. Von Señora Susana stammen einige der Rezepte, die du auf den folgenden Seiten findest.

Einige der aufgeführten Zutaten sind nicht in unseren Geschäften erhältlich. In unserer Zeit der Globalisierung ist das jedoch kein Hindernis. Manches kannst du in einem gut sortierten Asia-Laden finden und anderes über das Internet bestellen. Auf meiner Webseite https://kirstenfrangenberg.com findest du dazu weitere Hinweise und Links.

Dieses Buch ist also kein klassischer Reiseführer und ersetzt diesen auch nicht. Sieh es als Appetizer, ein Appetithäppchen, das Lust auf mehr machen soll – Lust auf eine richtige Reise und auf diese wunderbaren Erlebnisse in einer spektakulären und einzigartigen Natur.

Gerne begleite ich dich bei einer Rundreise durch die Anden Ecuadors oder auch bei einer Reise zu Kraftorten in anderen Teilen der Welt. Denn Kraftorte gibt es nicht nur in Ecuador. Du findest sie überall. Auch in Europa – von Griechenland bis zum Jakobsweg nach Santiago de Compostela in Spanien. Ich liebe ihre Energie! Während ich diese Zeilen schreibe, befinde ich mich an einem sehr starken Kraftort in Europa, am Comer See in Norditalien.

Dieses Buch verdankt seine Existenz vor allem dem Zusammenleben mit meiner lebhaften und genussfreudigen wunderbaren ecuadorianischen Familie und meinen Freund:innen in diesem Land. Ich danke auch allen Freund:innen und Leser:innen außerhalb Ecuadors, die mich durch ihr Interesse an meinem Leben in Ecuador und ihre Nachfragen zum Schreiben gebracht haben.

Vor allem danke ich Béatrix Rautenberg für ihre ermutigende Begleitung in diesem Prozess, für die Korrektur (das Lektorat) und ihre stets wertschätzende Kritik. Ich danke Daniela Horstmann für die Bildbearbeitung und wertvolle Hinweise, meiner Mastermind-Gruppe für Hilfestellung bei kniffligen Fragen, meiner Familie für ihre Geduld und meinen Leser:innen für Kommentare, Feedback und Ermutigung.

Und nun beginnt unsere Reise!

1 „All you need is Ecuador“

„All you need is Ecuador“ lautet der Slogan einer aktuellen Tourismuskampagne des südamerikanischen Landes. Das ist gar nicht verkehrt, denn geographisch, klimatisch, topographisch und auch ethnisch ist Ecuador eines der vielfältigsten Länder der Welt. Da braucht man tatsächlich nicht viel mehr!

Die Landesfläche ist mit 256.370 km^2 etwa so groß wie Großbritannien und teilt sich in vier ungefähr gleich große geographische Regionen auf: Die Pazifikküste und das Küstenvorland (costa genannt), das Andenhochland (sierra), das Amazonas-Tiefland (amazonia, auch oriente genannt) im Osten des Landes und schließlich die Galápagos-Inseln. Diese Vielfalt und Biodiversität auf relativ überschaubarem Raum überrascht Besucher immer wieder. Wir können in wenigen Stunden von der Pazifikküste ins Andenhochland und weiter in das Amazonasbecken reisen. Nun ja, theoretisch jedenfalls. Aber dazu später.

Auf jeden Fall treffen wir schon nach wenigen Kilometern Fahrt auf immer wieder neue geographische und klimatische Bedingungen: Lange Pazifikstrände mit quirligen Strandorten, kurz dahinter ausgedehnte Bananenplantagen, die nach einiger Fahrzeit übergehen in feuchte Nebelwälder mit faszinierender Fauna und Flora, durchzogen von Wasserfällen mit unglaublicher Energie, hin zu Bergen, die je nach Lichteinfall immer anders aussehen, mit zum Teil aktiven Vulkanen - manche mit einer schneebedeckten Kuppe - und schließlich tiefe Urwälder, in denen man auf Wasserstraßen verkehrt.

Ecuador wurde nach dem Äquator benannt. Dieser verläuft etwas nördlich der Hauptstadt Quito durch die Kleinstadt Mitad del Mundo (siehe auch das Kapitel „In der Mitte der Welt“) und ist ein sehr attraktiver Touristenmagnet.

Wer Vielfalt und Abwechslung mag, ist in Ecuador definitiv am richtigen Ort!

Hier gibt es etwas für jeden Geschmack: Malerische koloniale Altstädte mit ansprechend gestalteten Museen, indigene Dörfer, bunte Märkte mit Kunsthandwerk, Bergwandern, ländlicher Tourismus, Besuch des Amazonas-Regenwalds und der dort ansässigen Ureinwohner, die atemberaubend hohe Anden-Bergwelt, schönste Strände - und nicht zuletzt die Galápagos-Inseln mit ihrer einzigartigen Fauna... Bei einer Urlaubsreise kannst du in diesem wunderschönen Land sehr viel sehen und erleben!

Mit einem relativ gut ausgebauten Straßennetz und Fernbusverbindungen bzw. Inlandsflügen ist es ein Leichtes, die verschiedenen Regionen zu besuchen und kennenzulernen.

Die Busverbindungen und Flüge sind größtenteils zuverlässig und pünktlich. Du solltest allerdings Zeit mitbringen, vor allem wenn du mit dem Überlandbus reist – eine Erfahrung, zu der ich dir unbedingt rate, wenn deine Zeit- und Reiseplanungen es erlauben. Zeitintensiv ist es zum einen wegen der oftmals langen Anfahrt zu den Busbahnhöfen in den großen Städten. Dann braucht man oft eine Weile, um sich in den Busbahnhöfen zu orientieren und den richtigen Bus zu finden. Wenn du dann mit dem Bus oder auch mit dem Auto unterwegs bist, wirst du schnell feststellen, dass, auch wenn die Straßen allgemein in gutem Zustand sind, die Witterung oder der Lastverkehr die Reisegeschwindigkeit beeinträchtigen können. So kann zum Beispiel bei einem Erdrutsch aufgrund heftiger Regenfälle das

Teilstück einer Landstraße unter Umständen tagelang gesperrt sein.

Achte bei Reisen auf dein Gepäck, denn Kleinkriminalität gibt es wie überall gerade dort, wo sich Touristen aufhalten. Ich kann dich aber beruhigen: Die Ecuadorianer sind ein freundliches, herzliches und sehr hilfsbereites Volk.

Die Bevölkerung ist so bunt und divers wie die Landschaft, in der sie lebt. Diese Vielfalt beruht auf der bewegten Geschichte der Region. Anfang des 15. Jh. wurde die Region von den sich aus Cuzco/Peru ausbreitenden Inkas eingenommen. Nur rund 100 Jahre später eroberten die Spanier Quito und gründeten die von den Inkas dem Erdboden gleichgemachte Stadt am 6. Dezember 1534 neu. Die spanischen Kolonialherren brachten afrikanische Sklaven in ihre neuen Kolonien, daher rührt der Afro-Anteil an der Bevölkerung..

Von den 17,8 Mio. Ecuadorianern bezeichnen sich heute knapp 73% als Mestizen, also Nachkommen von indigenen (die Ureinwohner der Region einschließlich der Nachfahren der Inkas) und europäischen Vorfahren. Weitere jeweils ca. 7 % Bevölkerungsanteil (gerundet) entfallen auf Montubios (Mestizen, die auch afro-ecuadorianische Vorfahren haben), Afro-Ecuatorianer und Indigene. Den geringsten Anteil mit ca. 6% haben diejenigen, die sich als Weiße bezeichnen (Angaben lt. Volkszählung von 2010).

Ecuador setzt sich aus 14 Nationalitäten und 18 Völkern zusammen – eine etwas künstliche Einteilung, die aber die Vielfalt der Kulturen zeigt. Diese spiegelt sich in unterschiedlichen Sprachen (auch wenn Spanisch immer die Hauptsprache ist), Kulturen, Gebräuchen, Festen, Essen, Musik, Kunsthandwerk und vielem mehr.

Ecuador war seit jeher ein Land, das Flüchtlinge aufgenommen hat. In der Vergangenheit waren dies oft Kolumbianer:innen, die vor dem mehr als 60 Jahre andauernden Bürgerkrieg flohen. In den letzten Jahren suchen auch sehr viele Menschen aus Venezuela dort Zuflucht. Inzwischen leben mehr als eine halbe Million Migrant:innen in Ecuador, die die bereits vorhandene Völkervielfalt ergänzen.

Auch die Küche Ecuadors ist so vielfältig wie die verschiedenen Regionen und Volksgruppen. Ob Fleisch-, Fischliebhaber:innen oder Veganer:innen – auch hier gibt es etwas für jeden Geschmack: Hühnchengerichte, Schweinebraten, deftige Eintöpfe, erfrischendes Ceviche aus Fisch und Meeresfrüchten oder Palmherzen, Gerichte aus Kochbananen… und frische Säfte aus exotischem, zum Teil in unseren Breitengraden völlig unbekanntem Obst!

In vielerlei Hinsicht drückt sich hier das pralle, üppige Leben aus und das begeistert mich zutiefst.

Ich freue mich sehr, meine Begeisterung teilen zu können, indem ich dich, liebe Leserin und lieber Leser, nun mitnehmen darf auf eine Reise in die sinnliche Fülle Ecuadors.

2 Landung auf dem Äquator

Nach über 11 Flugstunden zwischen deinem europäischen Abflug-Airport und dem von Quito/Ecuador steigt die Vorfreude, wenn es endlich heißt: Fertigmachen zum Landeanflug! Nach dieser Ansage dauert es noch ein wenig, bis du endlich Boden unter den Füßen hast, aber der Blick aus dem Flugzeugfenster zeigt bereits Aufregendes: Ein Mix aus Sonne, blauem Himmel und Wolken, die in rasantem Tempo von fluffig-weiß bis zu dunkelgrau-schwarz und wieder zurück wechseln. Zwischen hell von der Sonne angestrahlten Bergseiten liegen tiefe, schattige Täler und Schluchten. Was für ein Sinnbild des Lebens: Licht und Schatten, Höhen und Täler. Tiefe Gegensätze, die gleichzeitig Teil ein und derselben Realität sind. Dies bereitet dich vor auf die innere Reise, die Transformationsreise zu dir selber, die nun bereits begonnen hat.

Die Andengipfel, die uns bei klarer Sicht bereits eine Weile vor der Ankunft begleiten, zeigen den Passagieren auch ihre andere Seite, wenn das Flugzeug sich in eine Rechts- und dann wieder in eine scharfe Linkskurve legt. Die meisten Touristen, die zum ersten Mal nach Ecuador reisen, filmen diesen Landeanflug voller Begeisterung. Er ist ja auch wirklich spektakulär! Zudem ist es für viele Reisende der erste Besuch in der „neuen Welt“.

Kurz vor der Landung spürt man noch den gegen das Flugzeug drückenden Wind – dann lassen die Naturgewalten nach und das Flugzeug setzt auf. Die Landebahn ist lang und die Bremsung entsprechend sanft.

Willkommen auf dem amerikanischen Kontinent, in der Mitte der Erde!

Der internationale Flughafen von Quito liegt außerhalb der Stadt. Nach einer zügig durchgeführten Bauphase wurde er 2013 eingeweiht und leistet seitdem gute Dienste.

Der alte Flughafen lag mitten in der Stadt. Die Landeanflüge dort waren wirklich abenteuerlich, da die Piloten über der Stadt in einer Art Sturzflug zwischen Hochhäusern und Bergen die relativ kurze Landebahn an einem Ende erwischen mussten, so dass sie noch Platz zum Bremsen hatten und die Maschine sicher zum Stehen gebracht werden konnte. Von 1960 bis zu seiner Stilllegung 2013 ereigneten sich dort 11 tragische Unfälle. Manche Airlines, unter anderem die deutsche Lufthansa, flogen Quito daher nicht mehr an.

Als ich vor vielen Jahren nach Ecuador reiste tobte just zu dem Zeitpunkt, als mein Flugzeug dort landen sollte, ein heftiges Gewitter über Quito. Die Piloten setzen mehrmals zur Landung an, in besagtem halsbrecherischen Sturzflug durch die dunklen, von hellen Blitzen grell erleuchteten Wolken – und mussten immer wieder die Maschine steil hinaufziehen, weil der Winkel nicht passte! Auch wenn ich keine Flugangst habe, waren meine Hände nass geschwitzt. Als das Benzin knapp wurde, entschied man sich zum Weiterflug zum zweiten internationalen Flughafen Ecuadors in Guayaquil an der Pazifikküste, mit dem Flugzeug eine halbe Stunde entfernt. Mit einer anderen, kleineren Maschine wurden wir später nach Quito zurückgeflogen, als das Gewitter sich gelegt hatte. Ein aufregendes Erlebnis!

Das ist Geschichte und kann so nicht mehr passieren.

Wenn du am Nachmittag landest, kommst du in den Genuss, bei Sonnenschein das Flughafengebäude zu verlassen. Die hohen, den Flughafen umgebenden Berge heißen dich in einer sanften Umarmung willkommen, und die Sonne strahlt intensiv – es ist die Höhensonne von immerhin fast 3.000 m über dem

Meeresspiegel, und zudem landest du praktisch auf der Äquatorlinie.

Die Ankunftszeit am Nachmittag oder später birgt noch einen weiteren Vorteil: Du wirst wahrscheinlich am selben Tag keine große Tour mehr beginnen. Das ist gut, denn über Nacht kann sich dein Organismus schon etwas an die Höhe gewöhnen. Und danach gilt die nächsten zwei Tage: Lass es langsam angehen! Geh nicht zu schnell, laufe nicht, sondern bewege dich ganz in dem Rhythmus, den dir dein Körper vorgibt – auch wenn er ganz anders ist, als du es sonst gewohnt bist. Dein Herz wird selbst bei leichter körperlicher Anstrengung schon klopfen und du wirst rascher außer Atem sein als normalerweise.

3 Höhenkrankheit

Mit 2.850 m ist Quito sehr hoch gelegen, dort ist die Luft dünn. Das merkst du spätestens, wenn du kurz nach der Ankunft mal eben schnell eine Treppe hochgehen möchtest und gleich außer Puste bist! Die Höhe wirkt sich individuell unterschiedlich aus. Auch wenn es Menschen gibt, die sehr extrem reagieren können, kommen die meisten Reisenden gut zurecht, wenn sie ein paar wenige Vorsichtsmaßregeln beachten. Dazu gehört, dich langsamer zu bewegen als normalerweise. Leichter Druck im Kopf ist ebenfalls Teil der Anpassung und verschwindet nach wenigen Tagen. Coca-Tee hilft gegen die Beschwerden – ja, Tee aus Coca-Blättern, die auch für die Kokain-Herstellung genutzt werden. Die Coca-Blätter werden von der einheimischen Bevölkerung als Naturmedizin genutzt. Sie haben eine belebende Wirkung und helfen bei der Anpassung an die Höhe. Darüber hinaus haben sie als Tee keine berauschende Wirkung und machen auch nicht abhängig.

Wenn du unter stärkeren Beschwerden leiden solltest, solltest du natürlich besser einen Arzt konsultieren.

Der Vorteil dieser Umstellung und Anpassung an die Höhe liegt darin, dass du deinen Körper spürst und ihm deine Aufmerksamkeit zuwenden darfst. Ganz in Ruhe kannst du in dich hineinspüren, was dein Körper in dieser Situation benötigt.

Du wirst dich unweigerlich auf deine Atmung fokussieren. Halte inne und atme tief und langsam ein und wieder aus. Versuche mit dem nächsten Atemzug bis in deine Fingerspitzen zu atmen.

Nimm deine Vorstellungskraft zuhilfe und spüre, wie dein Atem deinen Kopf, den Schulterbereich, die Arme und Hände bis in die Fingerspitzen füllt und wieder verlässt.

Nimm einen oder auch mehrere tiefe Atmenzüge bis tief hinunter in deinen Bauchraum. Stell dir schließlich vor, wie du durch deinen ganzen Körper bis in deine Zehenspitzen atmest, ein und aus, in deinem Rhythmus.

Spüre in die Ruhe hinein und wie das bewusste Atmen dich im Hier und Jetzt ankommen lässt. Anspannung, Müdigkeit und andere Beschwerden lassen nach.

4 Was isst man in Ecuador?

Wegen der auch in Europa bekannten mexikanischen Küche befürchten viele, dass das Essen in Ecuador sehr scharf sei. Dies ist aber überhaupt nicht der Fall! Zwiebeln, Knoblauch, Koriander (Cilantro oder auch Culantro genannt) geben neben einigen Gewürzen den Geschmack. Auf dem Tisch fehlt allerdings nie der Aji, eine pikante bis scharfe Soße, für die die meisten Familien ihr eigenes Rezept haben. Typisch in Ecuador ist der Aji aus Tomate de Arbol – Tamarillo, auch Baumtomate genannt. Weiter unten findest du ein Rezept dafür. Mit Aji kann man individuell sein Essen würzen.

Die unterschiedlichen Vegetations- und Klimazonen in Ecuador bringen eine reichhaltige Auswahl an exotischen Früchten und viele verschiedene Gemüsesorten hervor. Besonders erwähnenswert sind die zahllosen Kartoffelsorten, die in Ecuador angebaut werden.

Ich habe dort einige Früchte genossen, die ich vorher nicht einmal dem Namen nach kannte. Zum Beispiel die im Februar in den verdulerías, den Obst- und Gemüseläden, angebotene capulí, die zur Familie der Kirschen (prunus) gehört, aber einen völlig anderen Geschmack hat. Oder die „mangos para chupar" – Mangos zum Auslutschen, die auch der Favorit vieler Ecuadorianer:innen sind. In Ecuador werden vier unterschiedliche Mangosorten angebaut, von denen diese Sorte im Land verbleibt und nicht für den Export bestimmt ist. Ab

November wird die etwa gänseeigroße Frucht an Straßenständen und in Läden angeboten.

Und dann natürlich: Bananen!

Ecuador ist im wörtlichen Sinn eine „banana republik", das Land ist bekannt für seine Bananen und zählt zu den größten Bananenexporteuren weltweit. Bananos oder platanos, wie man dort sagt, gibt es überall und in sehr vielen Zubereitungsweisen. Süße Bananen zum Frühstück oder als Nachtisch in einem tropischen Obstsalat, gebratene grüne oder reife Kochbananen als Beilage zu Fisch oder Fleisch, salzige Bananenchips (chifles)...

Exportiert wird vor allem die Sorte Cavendish, in Ecuador platano de seda genannt. Sie ist nicht die süßeste Sorte, aber das Exportprodukt schlechthin und die in Deutschland bekannte und viel verzehrte Sorte.

Orito sind die kleinen zuckersüßen Babybananen, die es auch bei uns gibt. Viele kennen sie von den Kanarischen Inseln, denn sie werden auch dort angebaut.

Die Sorten barraganete, dominico und maqueño sind grüne Kochbananen und werden überwiegend für die Zubereitung von patacones (gebratene grüne Bananenscheiben), chifles (Chips aus Kochbananen), empanadas, bolones (Bällchen aus grüner Kochbanane gefüllt mit Käse oder deftigem Speck und knusprig gebraten) und vieles mehr verwendet – alles Leckereien aus gekochten und gebratenen Bananen, die du auf jeden Fall kosten solltest! Und das ist nur eine kleine Auswahl. Es gibt eine unglaubliche Vielzahl an Bananengerichten, und vor allem an der Küste kann man jeden Tag eine andere Variation frühstücken.

Banano rosado, eine rosafarbene Banane, ist bei uns unbekannt. Sie ist aromatisch und süß, mit einem Hauch von Himbeere. Selbst in Ecuador gibt es sie seltener in den Geschäften und auf den Märkten, obwohl sie eine wichtige Zutat köstlicher Kuchen und Desserts sind.

Kaffee

Ecuador ist auch ein großer Kaffeeproduzent, obwohl Kaffee erst relativ spät, ab 1860, in Ecuador bekannt wurde. Die Produktion verbreitete sich rasch im ganzen Land, so dass heutzutage in 23 der 24 Provinzen Kaffee angebaut wird. Laut Angaben der Kaffeeproduzenten entfällt die Hälfte der gesamten Kaffeeproduktion auf die Küste einschließlich der Galapagos-Inseln – auch dort wird Kaffee in geringem Umfang angebaut -, 30% auf das Amazonas-Tiefland und 25% auf das Andenhochland (Sierra). Ecuador ist heute eines der wenigen Länder, in denen sowohl Arabica- als auch Robusta-Sorten angebaut werden. Ein Großteil der Produktion wird für die Herstellung von löslichem Kaffee verwendet, den die Ecuadorianer kurioserweise lieber trinken. Allerdings verändert sich dies in der Gegenwart, und mehr und mehr qualitativ hochwertige Kaffees halten Einzug in Geschäfte und Cafés.

Die Kaffeeproduzenten beschreiben den Kaffee aus Ecuador als "ausgewogen, hell, mit einem insgesamt sauberen Geschmack. Er hat einen mäßigen Körper und kann in seltenen Fällen blumige Noten aufweisen" (laut der Internetseite https://www.comprarmicafetera.com/cafe-de-ecuador/). Für mich ist es ein rundherum köstlicher und sehr gut verträglicher Kaffee. Ich präferiere den Hochlandkaffee. Zum einen, weil ich hier die Anbaumethoden und Verarbeitung bei Besuchen auf Kaffeeplantagen außerhalb von Quito, in Richtung MIndo, aus der Nähe kennen gelernt habe. Zum anderen, weil ich diesen leichten und dennoch intensiven, sehr exquisiten Geschmack liebe.

Kakao und Schokolade

Natürlich spielen Kakao und Schokolade ebenfalls eine große Rolle: Ecuador ist bekannterweise ein bedeutender Kakaoproduzent und liefert mehr als 60 % der Weltproduktion an Edelkakao, der ein wichtiger Rohstoff für die Edelschokoladenindustrie ist.

Der Kakaoanbau hat eine lange Tradition im Land. Nachweislich gab es bereits vor fünftausend Jahren Kakaoplantagen im Amazonasgebiet Ecuadors. Im 19. und Anfang des 20. Jh. stieg Ecuador sogar zum weltweit wichtigsten und größten Produzenten von Edelkakao auf, dem sogenannten Cacao Arriba. Der Großteil des von Ecuador produzierten Kakaos wird tatsächlich in anderen Ländern, auch in Europa, zu hochwertigen Produkten weiterverarbeitet. Aber auch hier wendet sich das Blatt: Es ist schön zu sehen, dass es inzwischen auch in Ecuador einige Unternehmen gibt, die sehr gute und qualitativ hochwertige Schokolade herstellen, wie zum Beispiel Valdivian, Hoja Verde, República del Cacao und Pacari.

Das Gewürz „Achiote“

In Ecuador werden bei uns unbekannte Gewürze wie beispielsweise Achiote verwendet. Achiote ist ein natürlicher Farbstoff, der aus den Samen der Frucht eines kleinen Baums gewonnen wird. Diese Samen sind essbar und werden wie Safran zum Würzen und Färben von Speisen verwendet. Der Samen wird aus den Früchten gekratzt, an der Sonne getrocknet und zu Pulver gemahlen. Alternativ kocht man ihn mit etwas Wasser auf und vermischt die so gewonnene Essenz mit Öl, das man zum Anbraten nutzt. Achiote-Pulver und Achiote-Öl werden viel in

Ecuador verwendet, damit die Gerichte besonders goldgelb werden.

Mit diesem Farbstoff färben sich die Tsachilas – ein indigenes Volk aus Santo Domingo in Ecuador - ihr Haar rot. Sie kämmen den Achiote in ihr Haar und machen es dadurch so steif, dass es wie eine rote Schildmütze aussieht. Daher werden sie auch Colorados (die Roten) genannt.

Außerdem gibt es fast überall frische und relativ preiswerte Fische und Meeresfrüchte. Das Land ist ein Paradies für Fischliebhaber, weil es so ein großes, vielfältiges Angebot und sehr leckere Gerichte gibt!

Als Fleisch wird fast ausschließlich Rindfleisch und vor allem Geflügelfleisch verwendet. Nur in der Sierra findet man Schweinefleisch. Ein für die Andenregion typisches Gericht ist das Hornado: Im Ofen gebratenes Schweinefleisch wird zu Mote (gekochte und geschälte Riesen-Maiskörner), Tostado (geröstete Maiskörner), Avocado, Llapingachos (Kartoffeltortillas, siehe auch das Rezept weiter unten), Zwiebeln, Tomaten, Salat, Käse und natürlich einem Stück der knusprigen Kruste des Schweinefleisches serviert.

Für uns ist ungewöhnlich, dass auch Meerschweinchen (cuy) in den Andenländern verzehrt werden. Die Tiere werden wie Kaninchen gehalten. Gerichte wie gebratenes Meerschweinchen und Locro de Cuy (Meerschweinchen-Eintopf) gehören zum gastronomischen Erbe Ecuadórs. Begleitet von Kartoffeln und/oder Mais, Salsa und Ají (scharfe Soße) kann man das gebratene Meerschweinchen auf dem Markt oder in einem Restaurant verzehren.

Das Mittagessen ist die Hauptmahlzeit in Ecuador und wird zwischen 12:30 – 13:30 h eingenommen, oft klassisch mit Suppe, Hauptgericht und Nachtisch. Das Hauptgericht besteht aus Fleisch oder Fisch, dazu Salat und/oder Gemüse und immer Reis dazu. Selbst wenn es zu dem Gericht schon Kartoffeln gibt, darf dennoch (fast) nie der Reis fehlen. Dazu trinkt man einen frischen Saft. Inzwischen gibt es auch immer mehr vegetarische und vegane Optionen, die die Vielfalt an Gemüse und Getreide sehr kreativ zu nutzen wissen.

Das Abendessen wird Merienda genannt, zu deutsch Imbiss oder Vesper – im Unterschied zum spanischen Wort „Cena“ für Abendessen. Es ist eine leichte Mahlzeit, die beispielsweise aus einer Tasse Kaffee und einem Maisküchlein oder einer Tasse Schokolade mit weißem Käse und einem Stück süßem Brot bestehen kann.

Wenn dir nun das Wasser im Mund zusammengelaufen ist, dann lies weiter - nun folgt das Rezept eines leckeren und einfach nachzukochenden Gerichts aus dem dem Andenhochland.

5 Rezept: Locro de Papa con Queso – Kartoffelsuppe mit Käse

Ecuador wird auch das Land der Suppen und Eintöpfe genannt. Davon gibt es wirklich viele, zum Beispiel Encocado, eine Suppe mit Fisch und Yucca auf Kokosbasis, Gemüsesuppen wie Crema de Zapallo (eine Kürbiscremesuppe), Caldo de Patas (Brühe aus Rinderbein), Locro de Papa con Queso (eine dickflüssige Suppe mit Kartoffeln und Käse) oder der typische Sancocho, ein Eintopf mit Fleisch, Maiskolben, Yucca und Kochbanane.

Nach unserer Ankunft erwartet uns auch eine Suppe als leichtes Abendessen, wohltuend bei der hereinbrechenden abendlichen Kühle. Heute gibt es einen Locro de Papa con Queso – eine Kartoffelsuppe mit Käse – auch Quito-Suppe genannt.

Die Kartoffel wird in Ecuador, wie überhaupt in Lateinamerika, „papa“ genannt – im Unterschied zum spanischen Wort „patata“. In der Andenregion ist sie ein wichtiges Nahrungsmittel. Laut Schätzungen gibt es in Ecuador an die 350 verschiedene Kartoffelsorten, mit unterschiedlichen Größen und Farben. Welch eine Vielfalt!

Die Kartoffel, diese einfache und doch so köstliche Erdfrucht, ist genau das Richtige, um uns nach der langen Reise und in der Höhe der Anden wieder zu erden.

Zutaten:

- 5 mittelgroße, mehlig kochende Kartoffeln, geschält und in Quadrate geschnitten
- 1 Esslöffel Öl oder Butter

- 1 weiße Zwiebel, in kleine Würfel geschnitten
- 1 fein gehackte Knoblauchzehe
- 1 Teelöffel Kreuzkümmel
- 0,5-1 Teelöffel gemahlener Achiote, falls gewünscht oder vorhanden
- 3,5 Tassen Wasser
- 0,5 Tasse Milch oder Pflanzenmilch - nach Belieben mehr
- 0,5 Tasse klein geschnittener Mozzarella
- 2 Esslöffel fein gehackter Koriander
- Salz nach Geschmack

Zubereitung:

Das Öl oder die Butter bei mittlerer Hitze in einem Topf erhitzen und Zwiebel, Knoblauch, Kreuzkümmel und – falls vorhanden - Achiote hinzufügen. Wenn die Zwiebeln weich sind (nach ca. 5 Minuten) die Kartoffeln dazugeben und gut vermischen. Nach weiteren 5 Minuten das Wasser hinzufügen, zum Kochen bringen und die Kartoffeln kochen, bis sie weich sind. Die Kartoffeln mit einem Kartoffelstampfer zerdrücken, so dass die Konsistenz cremig mit Kartoffelstückchen ist.

Die Hitze reduzieren und die (Pflanzen-)Milch hinzufügen, gut umrühren und weitere 5 Minuten kochen lassen. Wenn die Suppe zu dick ist, kannst du mehr Milch oder Wasser hinzufügen. Mit Salz abschmecken, den klein geschnittenen Mozzarella und den Koriander hinzufügen. Locro de Papa isst du mit Avocado, zerbröseltem Feta-Käse und, wenn du magst, mit Aji, der scharfen Soße.

6 Die Allee der Vulkane – La Avenida de los Volcanes

Ecuador ist reich an Vulkanen: Man zählt insgesamt 84 Vulkane, von denen 27 „potentiell aktiv“ sind. Sie befinden sich größtenteils im nördlichen Andenhochland, aber auch auf den Galápagos-Inseln gibt es starke vulkanische Aktivitäten.

Es war Alexander von Humboldt, der deutsche Naturforscher und Wissenschaftler, der 1802 bei seinem Forschungsaufenthalt in Ecuador den Ausdruck „Allee der Vulkane“ (la avenida de los volcanes) prägte. Und tatsächlich gibt es eine Route, die ca. 200 km durch die Andenkette an vielen großen und aktiven Vulkanen vorbeiführt.

Es gibt unterschiedliche Zählweisen, wie viele Vulkane diese „Allee" umfasst. Manche sprechen von 44 Vulkanen in ganz Ecuador, von denen 15 noch aktiv sind. Allein in der Gegend um Quito gibt es schon 17 Vulkane, von denen fünf aktiv sind. Alle sind Teil des Andengebirges.

Ich orientiere mich an einer kleineren Ausführung dieser wunderbaren Allee, beginnend mit dem schneebedeckten Vulkan Cayambe (5.790 m) bei der gleichnamigen Stadt ca. 70 km nördlich von Quito.

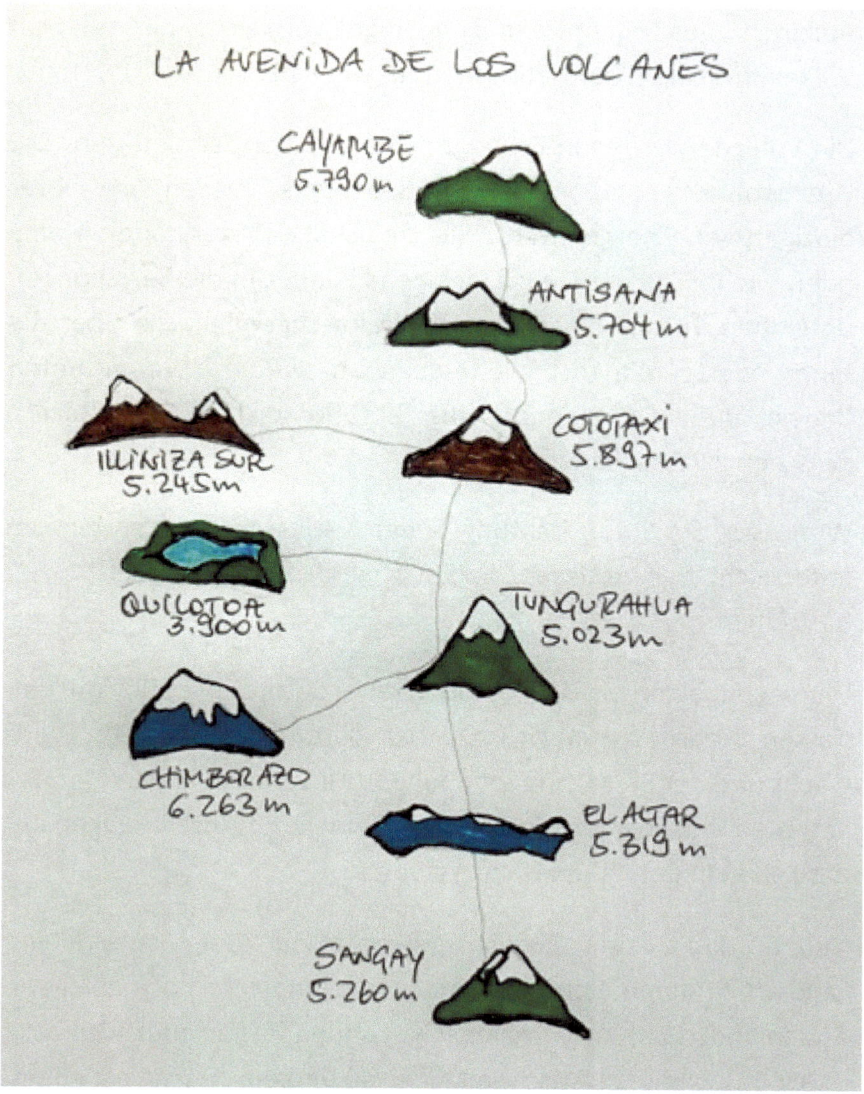

Richtung Süden fahren wir vorbei an den Hausvulkanen Quitos, dem Pichincha – auch Rucu Pichincha genannt, also der alte und erloschene Pichincha - und dem aktiven Vulkan Guaga Pichincha. Guagua ist ein Kichwa-Wort für Kind, Kleinkind. Dieser liebevolle

Ausdruck aus einem Familiengefüge vergleicht den aktiven Vulkan mit einem aufbrausenden Jugendlichen.

Die Vulkane werden in Ecuador seit alters her personifiziert. Die Ureinwohner nahmen sie als lebendige Wesen mit ihrer einzigartigen Energie wahr. Sie sind Taita (Vater) oder Mama oder, wie im Fall des Guaga Pichincha, Kind. Um die Beziehungen unter den Vulkanen ranken sich uralte Legenden, die über die Jahrhunderte mündlich weitergegeben wurden. Weiter unten findest du eine Legende, die berührende Liebesgeschichte zwischen zwei Vulkanen.

Wenn wir die Stadt Richtung Süden verlassen, können wir bei guter Sicht den Antisana, 5.758 m, und den Illinizas, 5.245 m, bestaunen.

Wir legen einen Zwischenstopp beim Cotopaxi (5.897 m) ein, dessen eindrucksvolle Präsenz bei klarem Wetter über Quito wacht und der Stadt eine erhabene Aura verleiht. Er ist einer der aktivsten Vulkane der Welt, was immer wieder Auswirkungen auf das Leben in der nahen Hauptstadt hat.

Nur 83 km weiter südlich gelangen wir über eine kleine Landstraße durch eine wildromantische und sehr hoch gelegene Andenlandschaft und malerische Andendörfer zum Quilotoa (3.930 m), einem mystischen Kratersee und ein „must“ bei einem Ecuador-Besuch.

Natürlich darf ein Abstecher nach Baños, vorbei am Tungurahua, 5.023 m, auch „Mama Tungurahua“ genannt, nicht fehlen. Die seitlich rot strahlende Kuppe im Licht der untergehenden Sonne auf der Straße nach Baños ist ein unvergesslicher Anblick.

Weiter Richtung Süden können wir hinter Ambato, der Stadt des ewigen Frühlings, schon erste Blicke auf den König der Anden, den Chimborazo, erhaschen. Seine Kuppe ist der Punkt der Erde, der der Sonne am nächsten ist – das ergibt sich aus seiner Höhe von 6.263 m und der Lage in unmittelbarer Äquatornähe. Aufgrund der äquatorialen Wölbung der Erde ist er nämlich auch der vom Zentrum der Erde am weitesten entfernte Punkt: Gemessen vom Erdmittelpunkt beträgt seine Höhe 6.384 m. Zu seinen Füssen, von der Stadt Riobamba aus, können wir seine Größe und majestätische Ausstrahlung bewundern, und auch die des Nachbarvulkans El Altar, 5.319 m, der ebenfalls zu unserer Reiseroute der Allee der Vulkane, der „Avenida de los Volcanes“ gehört. Für Humboldt glich dieser Vulkan mit seinem gezackten Rand im Licht der untergehenden Sonne einem Zauberschloss.

Wer dann noch Zeit hat und motiviert ist, kann noch etwas weiter in Richtung Amazonas-Gebiet bis zum Vulkan Sangay (5.260 m) fahren.

Große Teile dieser Strecke lassen sich mit guter Planung bei einem Ecuador-Besuch abfahren, so dass man einen guten Eindruck von der imposanten Größe und Vielfalt der Vulkane und ihrer Naturschauspiele erhält.

7 Welche Kleidung brauchst du für Quito?

Gleich werden wir Quito, die Hauptstadt Ecuadors besuchen. Damit du dafür gut ausgerüstet bist, findest du hier einige nützliche Hinweise. Und ja, du hast richtig gelesen – bei diesen Kleidungsempfehlungen geht es nur um Quito. Für den Rest Ecuadors ist die Kleidungsfrage nicht so schwierig, in Quito jedoch stellt sie einen vor Herausforderungen. Warum? Weil man in Quito alle vier Jahreszeiten an einem Tag erlebt, wie die Einwohner Quitos, die Quiteños, sagen. Aufgrund der Äquatorlage wird es ganzjährig morgens gegen 6 h hell und abends um 18:30 h dunkel und das beeinflusst die Temperaturen.

Es gibt ein Meme, in dem es heißt: Morgens die Winterjacke, mittags das ärmellose Top, nachmittags den Regenschirm und abends die Fleece-Decke im Tiger-Design. Und das ist nicht übertrieben! Tatsächlich ist es sinnvoll, Kleidung für alle Fälle dabei zu haben, wenn man morgens aus dem Haus geht. Nachts kühlt sich die Temperatur in Quito auf 8-10 °C ab. Daher ist es auch morgens noch recht kühl. Sobald die Sonne herauskommt, wird es warm – durch die Lage am Äquator ist man in Quito der Sonne sehr nah! Nachmittags wiederum regnet es an vielen Tagen. Mit Glück ist es nur ein feiner Regen, aber mitunter gewittert es heftig und es fallen große Niederschlagsmengen in kurzer Zeit. Das Donnergrollen hört sich in den Anden mächtig und eindrucksvoll an, wenn das Echo den Donner kraftvoll zurückwirft. Abends wird es dann wieder empfindlich kühl. Dann ist Zeit für die Fleece-Decke, oder besser noch: Die wärmere Alpaca-Decke.

8 Quito – die Stadt der Superlative

Eine Reise nach Ecuador beginnt in der Hauptstadt Quito, der weltweit höchstgelegenen Hauptstadt.

In einem langgezogenen Andental auf einer Höhe von 2.850 m, eingerahmt von Vulkan- und anderen Berggipfeln, die nachmittags in dichten Regenwolken verschwinden, erstreckt sich die Stadt von Norden nach Süden, ca. 20 km südlich des Äquators. Quito wächst immer weiter, daher sind inzwischen auch die angrenzenden Täler dicht besiedelt.

Die ersten Bewohner dieses Ortes waren die Quitu, denen die Stadt ihren Namen verdankt. Aufgrund der kriegerischen Expansion der im heutigen Peru lebenden Inkas gehörte die Stadt seit Anfang des 15. Jh. zum Inka-Reich. Bevor die spanischen Eroberer knapp 100 Jahre später diese Stadt einnehmen konnten, wurde sie von den besiegten Inkas dem Erdboden gleichgemacht. Daher gibt es in Quito auch keine Inka-Stätten mehr.

Nach der Neugründung der Stadt San Francisco de Quito (so der vollständige Name Quitos) im Jahre 1534 entwickelten die Spanier eine rege Bautätigkeit. Die Kirchen, Klöster und andere öffentliche Anlagen aus dem 15. und 16. Jh. sind auch heute erhalten und bilden – noch ein Superlativ! - das größte und besterhaltene koloniale Zentrum Südamerikas. Seit 1978 gehört es zum Weltkulturerbe.

Blick auf die Altstadt von oben

Wir nähern uns dieser wunderbaren Stadt vom Park Itchimbia aus. Oberhalb der Altstadt, 2.910 m hoch auf einem Hügel, haben wir von diesem Aussichtspunkt einen 360-Grad-Blick auf das Zentrum, den Norden und den Süden der Stadt, die Kirchen, Denkmäler, Parks und sogar die angrenzenden Täler von Cumbaya und Chillos.

An einem klaren Tag können wir Hügel, Berge und Vulkane sehen. Natürlich sehen wir den Teil der Avenida de los Volcanes, der berühmten „Allee der Vulkane", der die Stadt umgibt, den Ruco Pichincha und den Guagua Pichincha, sowie den Cayambe nördlich von Quito. Aber auch andere, entferntere Berge können wir, wenn wir in Richtung Süden blicken, deutlich erkennen: die Vulkane Antisana, Atacazo, Corazón, Cotopaxi sowie Illinizas. Und natürlich den Hügel Panecillo am Rand der Altstadt mit der bekannten und beliebten Marienstatue.

Die Erhebung des Panecillo, ca. 3.000 m hoch, liegt südlich des historischen Stadtkerns. Panecillo heißt übrigens „kleines Brot", was die Form des Hügels treffend beschreibt. Die Virgen del Panecillo - „Jungfrau des Panecillo" - ist weltweit die einzige Marienstatue mit Flügeln. Sie wendet dem größeren, bevölkerungsreicheren und ärmeren Südteil der Stadt den Rücken zu, was von vielen Quiteños kritisiert wird.

Zu Füßen des Itchimbia-Parks breitet sich die Altstadt aus. Von unserem erhöhten Aussichtspunkt aus lassen sich Straßen, Plätze, koloniale Kirchen und Klöster gut unterscheiden. Dies ist ein idealer Ort, um einen Überblick über die Grundstruktur der kolonialen Altstadt und die Umgebung zu gewinnen.

Vor allem liebe ich diesen Ort, weil wir hier unseren ersten Kraftort im Land bewusst betreten. Dieser Hügel hat eine besondere Energie! Für Frühaufsteher ist es ein besonderes und unvergessliches Erlebnis, den Sonnenaufgang auf dem Itchimbia zu erleben: Langsam und majestätisch erhebt sich die Sonne über dem Vulkan Cayambe, um dann den Hausberg Quitos, den Pichincha, anzustrahlen und nach und nach die pittoreske Altstadt in ihr strahlendes Licht einzuhüllen.

Schon die Quitu, die Ureinwohner dieser Region, weihten die Erhebung Itchimbia dem Mond und der Sonne. Für sie war der Berg ein Zentrum der Weisheit und der Wachsamkeit.

Während der Inka-Herrschaft wurde der Itchimbia zu einem astronomischen Observatorium ausgebaut. Davon zeugt auch heute wieder der Intihuatana (auch Intiwatana), der hier im Park die Form eines hohen Pfahls hat, ähnlich einer Fahnenstange. Intihuatana ist ein Kichwa-Wort und wird gewöhnlich mit "Ort, an dem die Sonne gebunden ist" übersetzt. Er kann ein hoher Fels oder, wie am Machu Picchu, ein fein polierter Stein sein. Besondere Bedeutung erlangt der Intihuatana am 21. Juni, dem Tag der Wintersonnenwende auf der Südhalbkugel (Sommersonnenwende im Norden), an dem das Inti Raymi-Fest gefeiert wird. An diesem Tag befindet sich die Sonne am weitesten von der Erde entfernt. Aus Angst, dass Inti, der Sonnenvater, sie verlassen könnte, baten ihn die Inkas mittels Ritualen, sich nicht weiter zu entfernen. Ein Ritual bestand darin, ihn symbolisch an den Intihuatana zu binden.

Während der Kolonialherrschaft der Spanier, die einherging mit der Herrschaft der katholischen Kirche, waren alle kulturellen und erst recht religiösen Symbole und Feste der Ureinwohner strengstens verboten. Erst in den letzten 50-70 Jahren öffnete man sich zusehends dafür. Daher befindet sich nun auch ein Intihuatana im Parque Itchimbia.

Nun waren wir lange genug auf dem Berg und konnten uns einen guten Überblick verschaffen. Wir verbinden uns kurz und bewusst mit dem Itchimbia und bedanken uns bei diesem besonderen, der Sonne so nahem Ort, und bei den umliegenden Bergen und Vulkanen sowie dem lebendigen Herzen der uns zu Füßen liegenden Stadt, in die wir nun eintauchen werden.

Im Weltkulturerbe der kolonialen Altstadt

Ein Großteil der Altstadt ist inzwischen frei von Durchgangsverkehr. Daher kann man vom Hauptplatz, der Plaza de Independencia, auch Plaza Grande genannt, in verschiedene Richtungen spazieren. Die Kirchen und Konvente, die von den Eroberern mithilfe indigener Handwerkskraft in spanischer, maurischer und indigener Bauweise mit entsprechenden Stilelementen errichtet wurden, vermitteln den Eindruck, dass die Zeit stehen geblieben ist. Ein großes Freilichtmuseum, das andererseits sehr lebendig und alltagstauglich ist, denn immer wieder kommt man an kleinen Geschäften vorbei, die Haushaltswaren, Kerzen oder - moderner - Handyzubehör feilbieten.

Ein Bummel durch das Centro Historico, das historische Zentrum, lohnt in jeder Hinsicht. Die belebte Innenstadt lockt Besucher:innen mit wunderbaren Museen, vielen sehenswerten

Kirchen und Klöstern, quirligen Plätzen, Cafés und Restaurants, Geschäften mit hochwertigem Kunsthandwerk und natürlich dem Präsidentenpalast Palacio de Carondelet, direkt an der Plaza de Independencia, auch Plaza Grande genannt gelegen, dem Herzstück der Altstadt.

Ins Centro fahren die Quiteñas und Quiteños, die Bewohner Quitos, für Behördengänge, um sich die Krippen-Ausstellungen in der Vorweihnachtszeit und die Prozessionen in der Karwoche anzusehen. Oder zwischendurch, um Stoff für ein neues Kleid in einem der zahlreichen Stoffläden zu kaufen und danach ein leckeres und typisches Mittagessen in einem der alteingesessenen Restaurants der Altstadt einzunehmen.

Du kannst dir eine Führung durch das Zentrum buchen, oder es dir auf eigene Faust ansehen mit einem Flyer der an der Plaza Grande gelegenen Tourismus-Information oder einem Reiseführer. Oder du lässt dich einfach treiben.

Die meisten Kirchen sind frei zugänglich. Auch wenn dir Kirchen vielleicht nicht so liegen, so ist die Kirche der Jesuiten mit dem vergoldeten Innenraum sowie Kirche und Konvent San Francisco an der gleichnamigen großen und repräsentativen Plaza sehenswert.

Kirchen und Klöster sind reichlich mit religiöser Kunst im Stil der Kolonialherren ausgestattet. Das Meiste davon entstand in Quito, denn in Anlehnung an die spanische kirchliche Kunst bildete sich die “Escuela Quiteña” der indigenen Künstler heraus. Sie zeichnet sich, salopp und stark verkürzt, unter anderem durch sehr blutige Kruzifixe aus.

Unter dem katholischen Deckmantel verstecken sich auch durchaus abweichende, synkretistische Elemente. Hier lohnt es sich, die Augen aufzuhalten. Am Eingang zur Sakristei der Kathedrale befindet sich zum Beispiel eine Statue, die die Dreieinigkeit von Vater, Sohn und Hl. Geist darstellt. Hier schmückten die indigenen Handwerker die Brust des Vaters mit der Inka-Sonne. Ebenso ist die Decke des Eingangs zu San Francisco voller geschnitzter Sonnen. Auch in anderen Kirchen finden sich solche Zeichen des indigenen Widerstands gegen die Kolonialmacht.

In Quito gibt es viele besuchenswerte Museen, so dass du deine Auswahl treffen musst. Auch Klöster können besichtigt werden. Es ist sogar möglich, einige der strengen Schweigeklöster zu besuchen. Zum Beispiel ist ein Teil des Klosters Carmen Alto, in dem die ecuadorianische Nationalheilige Santa Mariana de Jesús lebte, für Besichtigungen freigegeben.

Auch das Kloster Santa Catalina de Siena in der Straße Eugenio Espejo kann in Teilen besichtigt werden. Die Nonnen folgen bis heute einer strengen Regel, die es ihnen erlaubt, eine Stunde am Tag miteinander zu reden oder fernzusehen. Sie stellen Cremes, Shampoos und andere Naturprodukte her, die sie durch eine Art Drehtür so verkaufen, so dass man sie nicht sehen kann. Mir wurde bei meinem Besuch die Besteigung des Klosterdachs und der Kuppel der Klosterkirche angeboten. Es war ein wahres Abenteuer, über den Dachbelag aus glatten Zinkplatten zu schlittern und über einige schiefe Stufen auf ein noch höher gelegenes Türmchen zu steigen. Vom Klosterdach aus bot sich mir ein unvergesslicher Blick aus einer ganz anderen Perspektive auf die Innenstadt.

9 Rezept: Ceviche de Camerón – Garnelen-Ceviche

Nach diesen vielen ersten Eindrücken und der körperlichen Anstrengung möchtest du dich sicherlich stärken. Wir tun dies mit einem Ceviche, und zwar habe ich hier das Ceviche de Camerón, das Garnelen-Ceviche ausgesucht, da es leicht zuzubereiten ist und sehr gut schmeckt.

Ceviche ist ein Fischgericht, das viele aus der peruanischen Küche kennen. Als ich das erste Mal nach Ecuador kam, war ich sehr verwundert, dass dieses Gericht in Ecuador ganz anders als in Peru zubereitet wird. In welcher Zubereitung auch immer - es ist definitiv eines meiner Leibgerichte!

Ceviche, auch Cebiche oder Seviche geschrieben, ist ein sehr beliebtes Gericht in Ecuador und wird fast überall angeboten, nicht nur an der Küste. Du kannst also getrost Ceviche in Quito essen. Die Zutaten sind im wesentlichen dieselben wie für das peruanische Ceviche: Corvina (Seebarsch) und Dorade beim Fisch-Ceviche, schwarze Muscheln für das Muschel-Ceviche, und dazu natürlich immer Limette und weiße Zwiebel (Cebolla Paiteña). Der Hauptunterschied besteht darin, dass Ceviche in Ecuador gekocht und mit dem Sud der Zubereitung serviert wird. Daher ist es also immer etwas suppig und saftig, und genau das macht es so köstlich.

In Ecuador wird Ceviche wird mit Tostado (geröstetem Mais), Chifles, Patacones (beide aus Kochbananen) und/oder salzigem Popcorn serviert.

Hier das Rezept für das Ceviche de Camerón – Garnelen-Ceviche, dessen Zubereitung ich Schritt für Schritt von Señora Susana lernen durfte:

Zutaten:

- 1 kg geschälte und entdarmte Garnelen
- 2-3 Lauchzwiebeln, in große Stücke geschnitten
- 1 Stange Staudensellerie, in große Stücke geschnitten
- 2 weiße Zwiebeln, in feine Scheiben geschnitten
- 1-2 Limetten, je nach Größe
- Saft von 2 Orangen
- 1 Tomate, fein gerieben
- 1 Esslöffel Öl
- 3 Stängel Koriander
- Salz, Pfeffer nach Geschmack

Zubereitung:

Die aufgetauten Garnelen mit den Lauchzwiebeln und der Staudensellerie, etwas Pfeffer und Salz sowie wenig Wasser zum Kochen bringen. Den Topf mit dem Deckel abdecken und die Garnelen bei niedriger Hitze köcheln, bis sie sich rot gefärbt haben.

Zwiebel und Staudensellerie entfernen und die Garnelen aus dem Sud nehmen und abkühlen lassen. Den Sud aufbewahren.

Die fein geschnittene Zwiebel mit heißem Wasser waschen und in einer großen Schüssel mit dem Limettensaft vermischen. Orangensaft, Öl, Salz und 5 Esslöffel des Kochsuds hinzufügen und vermischen, dann die geriebene Tomate dazugeben.

Als Letztes die abgekühlten Garnelen und fein gehackten Koriander untermischen.

Alternative: Wenn du keine Orangen hast, kannst du auch stattdessen 3 Tomaten schälen, pürieren und dazugeben.

10 Patios: Lieblings- und Kraftorte in der kolonialen Altstadt

In Quito wurden viele Bauten aus der Kolonialzeit von den spanischen Kolonialherren in der klassischen römischen Bauweise errichtet. Herz und Mittelpunkt des Hauses ist hier das Atrium, spanisch Patio, um das sich die anderen Gebäudeteile gruppieren. Dies ist auch als Kreuzgang aus den Klöstern bekannt. In Quito haben nicht nur die Klöster einen solchen Bogengang mit offenem Innenhof, sondern auch andere repräsentative Gebäude.

Ein Beispiel ist das Centro Cultural Metropolitano (Städtisches Kulturzentrum) an der westlichen Ecke der Plaza Grande. Im ersten großen Innenhof, gleich am Eingang der Plaza Grande, finden oft Ausstellungen statt, die sich auf die angrenzenden Räume und ggf. sogar auf weitere Etagen des großen und repräsentativen Gebäudes erstrecken. Neben diesem weitläufigen, teilweise überdachten Patio mit einem kleinen und guten Restaurant schließt sich hinter dem Lesesaal der Stadtbibliothek ein kleinerer wunderschöner Patio an, der den Umweg lohnt.

Der Palacio Arzobispal, Bischofspalast, an der nordöstlichen Ecke der Plaza Grande, prunkt ebenfalls mit einem wunderschönen Patio mit Restaurants und, in den oberen Etagen, mit Kunsthandwerksläden zum Verschnaufen und Stöbern.

Wenn wir durch die Innenstadt spazieren, sehen wir immer wieder Patios. Offenstehende Tore ziehen die Aufmerksamkeit an und locken, einen Blick hinein zu werfen, einige Schritte hineinzugehen und in die unbekannte Welt eines Patios einzutauchen. Trotz unterschiedlicher Renovierungszustände der Gebäude haben sie immer ihre eigene Schönheit.

Die großen Gebäude, wie zum Beispiel das Museo de la Ciudad (Städtisches Museum), das früher ein Krankenhaus war (Hospital San Juan de Dios) hat mehrere Patios. Im großen Patio kann gewaltiger Trubel herrschen, zum Beispiel, wenn eine große Ausflugsgruppe der Landfrauen im Museum tagt und dort im Haupt-Patio ihren Imbiss einnimmt oder Schulklassen, die durch das Museum geführt werden, dort herumtoben.

Daneben gibt es noch einen kleinen und sehr ruhigen Patio. Wenn du dich am Trubel satt gesehen hast, kannst du dort im Halbschatten einfach sitzen, die Pflanzen und die Wasserspiele des kleinen Brunnens beobachten und zur Ruhe kommen.

Ebenfalls im historischen Stadtzentrum befindet sich das sehr schön restaurierte Museum Casa del Alabado, das der präkolumbischen Kunst gewidmet ist. Im Patio lässt es sich nach einem interessanten und interaktiven Museumsbesuch wunderbar entspannen, zum Beispiel bei einer lokalen Limonade und einem veganen Black-Beans-Burger mit Quinoa und Avocado.

Von dort sind es nur wenige Schritte zur großen Plaza de San Francisco mit der ebenfalls dem Hl. Franziskus geweihten Kirche und dem Kloster. In dessen Patio, dem Kreuzgang, können wir die Stille des klösterlichen Lebens spüren, unterbrochen von vorbei flanierenden Touristen, von denen sich die meisten ebenfalls von der besonderen Atmosphäre dieser Oase inmitten der quirligen Altstadt einfangen lassen.

Es ist eine besondere Erfahrung, wenn du in solch einem Patio eine Weile still verweilst und die Ruhe inmitten der Stadt und die besondere Energie des Ortes auf dich wirken lässt.

Sitz ganz ruhig. Die körperliche Ruhe hilft, die Gedanken zu beruhigen. Lass sie weiterziehen und bleibe mit deiner Aufmerksamkeit bei dir. Während du in der äußeren und inneren Stille verharrst, spürst du, wie dein ganzes Wesen diesen physischen Raum des Patios und den großen, weiten Raum dieses Moments einnimmt. Die Welt steht still.

Richte deinen Blick auf die wunderschönen Blumen und Palmen. Du bist in Harmonie mit der schönen Umgebung und nimmst dich als ein Teil von ihr wahr. Du erkennst das schlichte und gleichzeitig wunderschöne Außen als Spiegel deiner eigenen inneren Schönheit. Tiefe Dankbarkeit breitet sich in dir aus.

Wenn alle lauten Stimmen schweigen, und statt Aktivität und Aktivismus tiefe Ruhe und Frieden einkehren.

Nur da sein.
Sein.
Präsent sein.
Im gegenwärtigen Moment.

Ganz wach und aufmerksam, mit den großen Augen eines Kindes, das einfach nur wahrnimmt und staunt.

Lass dich auf diese Übung des "ganz und gar im gegenwärtigen Moment Ankommens" ein. Sie bewirkt große Veränderungen und öffnet völlig neue Räume. Deine Wahrnehmung wird klarer und freier werden, das spürst du sofort. Vielleicht bemerkst du dann ein bauliches Detail des Patio, was dir vorher nicht aufgefallen ist. Oder die Form einer Pflanze zeigt sich dir auf neue Weise. Vielleicht kommt ein leiser Windhauch, und eine Blume nickt dir zu. Du schnupperst einen besonderen Duft und spürst die Sonnenwärme wie eine zarte Berührung - wenn du ganz bei dir bist, öffnen sich deine Sinne um ein Vielfaches.

Und nicht nur deine äußeren Sinne, sondern auch die inneren Sinne werden aktiv: In solchen Momenten taucht auf einmal die lang gesuchte Lösung für ein Thema auf, Klarheit und Gewissheit stellt sich ein oder eine neue kreative Idee sprudelt hervor.

Das Wunderbare daran ist, dass du dieses Patio, in dem du diese Erfahrung des Gegenwärtig-Seins gemacht hast, so schnell nicht vergessen wirst. Denn hier hat sich dir ein Tor zu weiteren Dimensionen und eine größere Tiefe in deinem Erleben geöffnet.

11 Morgenerwachen in kolonialer Kulisse

Langsam, nur sehr langsam, trennt sich die Dunkelheit vom Licht. Morgendämmerung in der Stadt, wo immer Tag- und Nachtgleiche herrscht: Quito, die Hauptstadt von Ecuador, direkt am Äquator gelegen. Es ist kurz vor 6 Uhr morgens und ich bin die einzige Ausländerin, die um diese Zeit in den öffentlichen Bussen unterwegs ist.

Mein Ziel ist ein mittelalterliches Kloster im Zentrum der Stadt. Dort, in der Kirche der unbeschuhten Karmelitinnen der Hl. Teresa von Jesus, wo einst die Nationalheilige Mariana de Jesus lebte, werde ich die Frühmesse besuchen. Ich werde meine Großmutter feiern lassen, die an diesem Tag 120 Jahre alt werden würde. Ein wichtiger Mensch in meinem Leben, auch wenn sie schon lange verstorben ist. Sie war eine gläubige Katholikin, ging regelmäßig zur Kirche und nahm mich in meinen ersten Lebensjahren immer mit. Ich erinnere mich gut daran – ich war im Vorschulalter – wie wir die Muttergottes-Statue in der Kirche besuchten und dort immer eine Kerze anzündeten. Oft betete sie mit mir vor der Statue des Hl. Antonius, weil sie wieder etwas verlegt hatte. Zielstrebig sorgte sie dafür, dass ich nach meiner Geburt katholisch getauft wurde. Das war nicht selbstverständlich, da meine Mutter evangelisch war.

Für mich ist sie einer der wichtigsten Menschen meiner Kindheit, weil sie mich stets bedingungslos geliebt und während ihrer Lebenszeit alles, wirklich alles für mich getan hat. Daher denke ich oft voll tiefer Dankbarkeit an sie. Daher möchte ich ihren Geburtstag auf diese besondere Art begehen. Ich vermute, dass sie dies schätzen würde. Zudem erfülle ich mir den Wunsch, einen Blick in dieses Kloster und auf seine Schwestern zu werfen, soweit dies bei einem Klausurorden möglich ist.

Zu dieser frühen Stunde ist die Station des Elektrobusses bis auf die Kassiererin und den Wachmann menschenleer. Auch der Bus ist noch recht leer, daher finde ich mit Leichtigkeit einen Sitzplatz. Sonst ist das eher schwierig in den völlig überfüllten Bussen. An der Station Plaza Chica steige ich aus und spaziere langsam zur Plaza de la Independencia, auch Plaza Grande genannt.

Zwei Hunde spielen Fangen, jagen sich gegenseitig voller Freude über den leeren Platz. Ich genieße die Menschenleere, die frische Luft der Nachtkühle. Die märchenhafte Schönheit der kolonialen Altbauten rührt mich immer an, aber heute ist es ein ganz besonderes Erlebnis.

Ganz langsam erhebt sich die Sonne hinter den umliegenden Bergen und goldenes Licht breitet sich aus. Die Umrisse des Hotels Plaza Grande, des Präsidentenpalastes Carandolet und auch der Turm der Kathedrale werden von hinten angestrahlt. Sie erhalten gleichsam einen Heiligenschein. Ihre weißen gekalkten Fassaden leuchten noch intensiver.

Aus Sicherheitsgründen habe ich mein Handy gut verstaut. So kann ich nicht dem üblichen Impuls folgen, Fotos machen zu wollen. Ich stehe still, schaue, bewundere, sauge auf mit allen Sinnen. Ich betrachte die unglaubliche Schönheit eines Sonnenaufgangs in kolonialer Kulisse, höre auf die Stille des frühen Tages, rieche und schmecke die Gerüche der Stadt, noch getränkt von der Feuchtigkeit der Nacht, und spüre die morgendliche Kühle auf meiner Haut. Mein Verstand spricht zu mir von der Ausbeutung durch die spanische Kolonialmacht, vom Leiden der Ureinwohner, mit deren Blut diese Gebäude errichtet wurden, während mein Fühlen sich im Bann der Schönheit befindet, die sich vor mir ausbreitet. Die Zeit steht still. Ein alter Mann mit Baskenmütze humpelt gemächlich vorbei, auf seinen Stock gestützt.

Langsam gehe ich weiter. An der Ecke der Calle Eugenio Espejo biege ich in die Calle Garcia Moreno Richtung Süden ein, in Richtung der Ronda - einer belebten touristischen Straße - und des Klosters Carmen Alto. Ich fühle mich wie eine Zeitreisende, die in einer vertrauten und gleichzeitig fremden Welt gelandet ist. Nur wenige Passanten sind um diese Uhrzeit auf der verkehrsberuhigten Straße unterwegs. Kein Gebäude, keine Kirche oder Geschäft sind geöffnet. Irgendwo läutet eine Glocke und ruft zur Frühmesse, mit diesem eher leisen und blechernen Ton, der so ganz anders klingt als die vollen und mächtigen Kirchenglocken in Deutschland.

Hinter mir erhebt sich die Sonne zentimeterweise über den Horizont. Sonnenauf- und -untergänge sind rasch am Äquator, daher drehe ich mich immer wieder um, um dieses so alltägliche und gleichzeitig so wunderbare Spektakel zu bewundern. Vor mir erhebt sich der Stadtberg Panecillo mit seiner Muttergottesstatue, die immer mehr vom Sonnenlicht erfasst wird und zu leuchten beginnt.

Zwei Querstraßen weiter gelange ich an die Calle Vicente Rocafuerte. Wenn man diese Straße überquert, durchschreitet man einen Torbogen. Rechts davon befindet sich der Komplex des Klosters Carmen Alto, der einen ganzen Häuserblock einnimmt, und auf der linken Seite erstreckt sich das Stadtmuseum, ein ehemaliges mittelalterliches Krankenhaus der Kongregation San Juan de Dios.

Ich biege rechts in die Calle Rocafuerte ein, denn auf dieser Seite befindet sich der Eingang zur Kirche der Karmelitinnen. Die Straße führt steil bergauf. Das große hölzerne Kirchportal ist noch geschlossen. Ich stelle mich neben das Portal und warte.

Kleine Ladenlokale wie eine Tischlerei und ein Schuhgeschäft, die sich gegenüber vom Kirchportal befinden, erwachen mit der zunehmenden Geschäftigkeit des städtischen Lebens. Die rasenden blauen Busse spucken Ladungen von Passanten auf die Straße: Männer, die zur Arbeit eilen; Mütter, die ihre kleinen Kinder zum Kindergarten oder zur Schule bringen; ältere Schüler in ihren Schuluniformen; cool wirkende Studenten. Alte Frauen schlurfen langsam die Straße hinunter, auf dem Weg zum Bäcker oder zu einer Kirche. Junge Mütter tragen wie seit jeher üblich ihr Baby auf dem Arm, zum Schutz vor der morgendlichen Kühle in eine kunterbunte Kuscheldecke eingehüllt. Kinderwagen nutzen sie nie.

Am Kirchportal neben mir regt sich etwas. Ein dickes Holzbrett, das sich hinter einem Fenster mit schmiedeeisernen Gittern befindet, wird entfernt. Ich erhasche einen Blick auf eine der in strenger Klausur lebenden Nonnen, die in einem unglaublich umständlich anmutenden Prozedere einen Schrein der Hl.

Mariana de Jesus, der ersten heiliggesprochenen ecuadorianischen Ordensschwester, an das nun offene Fenster heranschiebt. Es ist eine kleine Figur, umgeben von Malereien, Stickereien und kitschigen Kunstblumen. Auf mich wirkt der Heiligenschrein wie das rührende Ergebnis einer kindlichen Bastelarbeit. Alles an dieser Kirchentür zeugt davon, dass auch hier die Zeit stehen geblieben ist. Eine Zeit, so schießt es mir durch den Kopf, die meiner Oma sehr vertraut gewesen wäre.

Pünktlich wird das Portal geöffnet, und ich trete ein in eine vergangene Welt.

Der Kirchraum hat sich vermutlich in den letzten Jahrzehnten, wenn nicht sogar Jahrhunderten, kaum verändert. Er verbreitet Leichtigkeit und Feierlichkeit: Über mir wölbt sich eine himmelblaue Deckenmalerei. Wände, Säulen sowie der seitlich angebrachte Balkon strahlen in weiß mit goldenen Details. Der Hochaltar ist prunkvoll golden ausgestattet, so wie es in Quitos Kirchen üblich ist.

Die Schwestern huschen in ihren, für die Gläubigen nicht einsehbaren, hinter dem Altarraum gelegenen Bereich. Nur ihre Stimmen sind bei den durch die Liturgie vorgegebenen Antworten und beim Singen der Kirchenlieder zu hören.

Eine Frau bereitet alles für die Messe vor, die von einem bereits sehr betagten Priester gelesen wird. Äußerlich betrachtet ist ein knapper, routinemäßig ablaufender Gottesdienst.

Bei genauerer Betrachtung nehme ich die tiefere Dimension dessen, was hier geschieht, wahr. Ich werde zur Zeugin der Frömmigkeit der anwesenden Ordensschwestern und anderen

Gottesdienstbesucher:innen. Der Glaube dieser Menschen, der sie am Anbruch eines ganz normalen Werktags hierhin führt und sie aus der Eucharistie, der Feier des gemeinsamen Gottesdienstes, Kraft für die Herausforderungen ihres Alltags schöpfen lässt, verbindet sich für mich tief mit der innigen und ganz selbstverständlichen Frömmigkeit meiner Großmutter.

Ich spüre sie in diesem Moment sehr nah und lebendig an meiner Seite. Ein wunderbar friedvolles Gefühl von vertrauter Nähe und tiefer Liebe durchströmt mich und wärmt mein Herz. Und ja, um deiner Frage zuvorzukommen: Ein solches Erleben von Nähe ist auch bei längst verstorbenen Personen möglich.

In diesem Glücksgefühl verlasse ich nach der Hl. Messe die Kirche und trete hinaus in das helle und laute Leben der Straße, das inzwischen schon in vollem Gang ist. Mich erfüllt tiefe Dankbarkeit für dieses besondere Morgenerwachen und die Erfahrung liebevoller Nähe. Voller Energie beginne ich mein Tagwerk.

12 Quito bei Nacht: Durch die Ronda mit einem Canelazo

Früh beginnt die Nacht in Quito, nach einer kurzen Dämmerung wird es ab ca. 18:30 Uhr dunkel. Nach und nach werden die Lampen in den Häusern entzündet. Ich liebe diesen Moment, wenn die Stadt in der nächtlichen Dunkelheit versinkt und die hellen Lichter in den Häusern und die Straßenbeleuchtung sich wie leuchtende Perlen an einer unsichtbaren Schnur die Berge hinaufziehen, deren Umrisse ich nun nicht einmal erahnen kann. Die Topographie der Andenstadt stellt sich im Dunkeln ganz anders dar. Oftmals sind die Nächte so dunkel, dass nur die Leuchtpunkte als Orientierung dienen und der Übergang von den Bergspitzen zum Firmament nicht mehr erkennbar ist. Die imposanten und im Hellen sehr präsenten Bergkolosse wirken nachts genauso intensiv durch ihre starke, wenn auch unsichtbare Anwesenheit, mit der sie die geschäftige Stadt umarmen und sie in die Ruhe und Stille der Nacht führen.

In der Innenstadt werden abends die wichtigsten historischen Gebäude angestrahlt, was der kolonialen Architektur einen Hauch von Märchenzauber verleiht.

Was kannst du abends in Quito unternehmen?

Sehr viel! Neben Theatern, Kinos und guten Restaurants zum Beispiel im Stadtteil La Floresta findest du in der Mariscal, dem Ausgehviertel Quitos schlechthin, Cocktailbars und natürlich auch Tanzlokale, in denen du ausgelassen Salsa, Cumbia, Bachata und natürlich auch den allgegenwärtigen Reggaeton tanzen kannst. In Ecuador wird viel getanzt. In den Städten und in den Corvachas am Strand vor allem die oben genannten Tänze. Außerhalb von Quito, in den Dörfern der Sierra, werden die alten Volkstänze gepflegt, die auch gerne zu bestimmten Feierlichkeiten im ganzen Land, begleitet von alten und auch modernen Melodien, getanzt werden. Zudem gibt es keine Familienfeier, bei der nicht getanzt wird. Alle machen dabei mit, und es ist ganz natürlich. Feiern ist in Ecuador ein wichtiger Teil des Lebens.

Wenn du es etwas ruhiger magst als in der quirligen Mariscal, empfehle ich dir einen Spaziergang durch die Ronda in der Altstadt von Quito. Erkundige dich vorher in deinem Hotel oder bei der Tourismus-Information, ob es sicher ist. Die Altstadt ist nach Einbruch der Dunkelheit nicht immer ein sicheres Pflaster, dies hängt auch von der Polizeipräsenz ab.

La Ronda ist eine gut restaurierte Kopfsteinpflasterstraße mit Häusern aus dem 17. Jh. Sie liegt unterhalb der Plaza de Santo Domingo – auch hier lohnt es sich, innezuhalten und die wunderschön beleuchtete Kirche von Santo Domingo sowie die anderen angestrahlten Gebäude zu bewundern.

Belebt ist La Ronda vor allem Freitag- und Samstagabends. Dann drängeln sich die Besucher:innen die alte enge Straße entlang und stöbern in den Kunsthandwerksläden nach Mitbringseln. Die Auswahl ist kleiner als auf dem großen Mercado de Artesanias, dem Kunsthandwerksmarkt an der Straße Juan León Mera, aber auch hier findet man schöne Stücke. Aus der Ronda stammt meine bunte Lieblingskette aus Tagua, ein ganz besonderes „Stück Ecuador“.

Tagua – ein besonderes Material

Tagua, auch Elfenbein-Nuss oder pflanzliches Elfenbein genannt, ist die nussähnliche Frucht einer Palmenart, die hauptsächlich in den Subtropen zwischen den Anden und der Küste Ecuadors wächst. Der Baum wird bis zu 8 m hoch und trägt erst nach 14 Jahren Früchte!

Er ist eine Nutzpflanze im vollumfänglichen Sinn: Seine Wurzeln werden medizinisch genutzt, mit seinen Blättern deckt man Dächer, und die Samen werden für die Herstellung von Knöpfen und Schmuck verwendet.

Die Geschichte des weltweiten Erfolgs der Tagua-Nuss ist übrigens auch eine deutsche Geschichte: Seit 1850 wird Tagua für die Herstellung von Knöpfen verwendet, und mehr als 50 Jahre lang wurde es in Europa und dem Rest der Welt ausschließlich von der berühmten "Casa Tagua Alemana" („Deutsches Tagua-Haus“) vermarktet, ansässig in den Häfen der ecuadorianischen Küste, u.a. Puerto López, Puerto Cayo, Manta, Bahía de Caráquez, Cojimíes und Muisne.

Die „Casa Tagua Alemana“ exportierte Tagua für die Herstellung von Knöpfen in die ganze Welt. In Europa war ihr Ursprung ein gut behütetes Geheimnis der Deutschen. Nach dem 2. Weltkrieg wurde das Naturmaterial vom neu erfundenen Plastik für die Herstellung von Knöpfen verdrängt.

Heute erlebt das Naturprodukt Tagua ein Comeback. So ist Schmuck aus Tagua ein beliebtes Mitbringsel aus Ecuador und auf jedem Souvenirmarkt erhältlich. Mehr als 170 Jahre später haben auch Knöpfe aus der Tagua-Nuss wieder Einzug in die

Modewelt gehalten: Ecuadorianische Modedesignerinnen verwenden sie wieder für ihre Kollektionen – so gesehen bei Anabel López, die zierliche gefärbte Tagua-Knöpfe für ihre detailreichen femininen Modelle verwendet.

Natürlich kommt das leibliche Wohl in der Ronda nicht zu kurz: Straßenverkäuferinnen bieten Espumilla an, eine typische Süßigkeit. Espumilla de Guayaba, also mit der Frucht Guayaba, ist eine Köstlichkeit, die du allerdings nicht auf der Straße kosten solltest, denn Espumilla besteht aus Fruchtmark, Zucker und steif geschlagenem rohen Eiweiß.

Feinste Schokolade

Wir bummeln weiter bis zu einem Laden von Pakari, einem bekannten Schokoladenhersteller, der wunderbar kreative Sorten auf den Markt bringt. Wir probieren Schokolade mit dem Geschmack der Andenrose, mit Basilikum, Guayusa (mehr zur Amazonas-Pflanze Guayusa weiter unten), Chili und anderen Geschmacksrichtungen.

Der Firmenname „Pakari“ entstammt übrigens der Kichwa-Sprache und bedeutet „Sonnenaufgang“. Beim Genuss dieser Köstlichkeiten öffnen sich unsere Geschmacksknospen und der Wohlfühlfaktor kommt dem Erleben eines Sonnenaufgangs durchaus nahe.

Canelazo, ein traditionelles Heißgetränk

In der Ronda wechseln sich touristische Restaurants mit gemütlichen Lokalen mit Livemusik ab, vor deren Tür Canelazo ausgeschenkt wird, der die Vorbeiflanierenden zum Eintreten locken soll.

Canelazo ist ein alkoholisches Heißgetränk mit einer wärmenden Wirkung, die gegen die Kälte der Nacht in den Hochanden hilft. Sozusagen der Glühwein Quitos. Tatsächlich wird er vorwiegend, aber keineswegs ausschließlich, im Dezember zu den Fiestas de Quito, dem Stadtfest der Gründung Quitos am 6. Dezember, getrunken. Im Volksmund sagt man vielleicht etwas übertrieben sogar „Sin canelazo no hay fiesta quiteña", auf Deutsch: "Ohne Canelazo gibt es kein Stadtfest von Quito". Wegen seines fruchtig-zimtigen Geschmacks ist Canelazo ein süffiges Getränk, das je nach Zubereitung jedoch einen recht hohen Alkoholgehalt haben kann.

Vielleicht magst du deine Gäste an einem kalten Winterabend mit einem wohlschmeckenden, typisch ecuadorianischen Canelazo überraschen? Du kannst das Heißgetränk auch Zuhause zubereiten. Neben Zimt und Sternanis benötigst du dafür Naranjillas, auch Lulos genannt. Frische Naranjillas konnte ich in Europa noch nicht finden, es gibt aber durchaus tiefgekühlte Früchte in Supermärkten mit lateinamerikanischen Produkten oder du bestellst sie über das Internet.

Rezept: Canelazo

Zutaten:

- 2 Liter Wasser
- 4 Zimtstangen
- 1 Teelöffel Sternanis
- 4 Lulos oder Quitorangen, in Ecuador Naranjillas genannt
- 150 g Panela, alternativ brauner Zucker
- Zuckerrohrschnaps

Zubereitung:

Das Wasser in einem Topf bei mittlerer Hitze erwärmen, bis es lauwarm ist. Zimt, Sternanis und Panela (Zucker) hinzufügen (dosiere den Zucker, so dass es nicht zu süß wird) und diese Mischung 20 Minuten lang köcheln lassen. Inzwischen die Naranjilla schälen, in kleine Stücke schneiden und zusammen mit der oben genannten Mischung 20 weitere Minuten lang auf niedriger Flamme köcheln.

Die Naranjilla herausnehmen, pürieren, durch ein Sieb streichen, zurück zur Wassermischung in den Topf geben.

Füge nun Panela bzw. den braunen Zucker sowie Zuckerrohrschnaps nach Belieben hinzu.

Gut umrühren und heiß servieren.

13 Rezept für ein Katerfrühstück: Encebollado – Fischeintopf

Nur für den Fall, dass dir der Canelazo vom Vortag zu gut geschmeckt hat und du eventuell einige Nebenwirkungen verspürst, beschreibe ich dir nun dieses besondere Frühstück, ein klassisches "Katerfrühstück". Daher folgt nun gleich ein weiteres Rezept.

Encebollado ist ein typisch ecuadorianischer Fischeintopf von der Küste, der aber überall im Land gegessen wird. Kein Wunder – denn er ist ein bekanntes und wirksames Mittel gegen den chuchaqui, wie er mit einem Kichwa-Wort bezeichnet wird, den Kater, nach einer durchfeierten und durchzechten Nacht. Encebollado kann als Frühstück oder Mittagessen gegessen werden, und man erhält es praktisch überall – vor allem an Straßenständen und in Markthallen, aber natürlich auch in Fischrestaurants.

Iiih, wirst du vielleicht sagen, Fischeintopf am Morgen! Versuch es, und sag mir Bescheid, wie die Wirkung war. Natürlich kannst du dieses köstliche und nahrhafte Gericht auch Mittags essen.

Zutaten:

- 400 g frischer oder Tiefkühl-Thunfisch, bei Verwendung von Thunfisch aus der Dose: 2 Dosen
- 200 g frische oder gefrorene Yucca (Maniok)
- 1,5 Esslöffel Öl
- 1 gehackte Tomaten
- 1 Zwiebel, gehackt
- 0,5 Teelöffel scharfes Chilipulver oder gemahlene Paprika
- 1 Teelöffel gemahlener Kreuzkümmel
- 600 ml Wasser
- 4 Korianderstängel
- Salz

Zubereitung:

Zwiebel, Tomate, Kreuzkümmel, Chili und Salz kurz in einer Pfanne anbraten. Das Wasser und die Korianderstängel hinzufügen.

Wenn du frischen oder Tiefkühl-Thunfisch verwendest: Sobald das Wasser zu kochen beginnt, den Thunfisch hinzugeben und etwa 15 Minuten kochen, bis der Thunfisch gar ist. Die Brühe abseihen und zum Kochen des Manioks aufheben. Den Thunfisch in Scheiben schneiden und für später aufheben. Die Thunfischbrühe zum Kochen bringen, den Maniok hinzufügen und kochen, bis er weich ist

Wenn du Thunfisch aus der Dose verwendest lässt du diesen Schritt weg und gibst gleich den Maniok ins kochende Wasser und garst ihn, bis er weich ist.

Den Maniok herausnehmen und in kleine Stücke schneiden.

Den gehackten Maniok und die Thunfischscheiben wieder in die Brühe geben, mit Salz würzen und bis zum Servieren erhitzen.

Bei der Verwendung von bereits gegartem Thunfisch aus der Dose servierst du diesen auf dem Teller mit dem Maniok und der Brühe.

Serviere das Encebollado mit einer guten Portion Curtido de Cebolla y Tomate (Zwiebel- Tomaten-Curtido) und etwas Ají (scharfe Chilisosse) – beide Rezepte findest du weiter hinten im Buch.

14 Entspannung pur in den Thermalquellen von Papallacta

Wenn du nach all den Besichtigungen eine kleine Auszeit brauchst, deine müden Muskeln entspannen möchtest oder dein Körper nach dem quirligen Stadtleben nach Erdung verlangt, nehme ich dich heute mit in ein einzigartiges Thermalbad. Oberhalb des Dörfchens Papallacta, östlich von Quito an der Straße ins Amazonasgebiet gelegen, befinden sich die Termas de Papallacta – das umfangreichste und am besten ausgestattete Mineralwasserbad Ecuadors. Nur knapp 70 km von Quito entfernt eignet es sich gut für einen Tagesausflug.

Kurz bevor du den Ort erreichst, führt dich die Straße an der Laguna de Papallacta vorbei, einem See, der einst durch einen Vulkanausbruch entstand. Er wird durch Schmelzwasser verschiedener schneebedeckter Berge (Sarahurco, Cayambe und Antisana) sowie Quellen und Bäche gespeist – daher beträgt die Wassertemperatur nur selten mehr als 9 °C.

Wie zu vielen Orten im Land gibt es auch zu dieser Lagune eine uralte Legende, die erzählt, dass eines Tages eine siebenköpfige Schlange im See auftauchte. Die besorgten und verängstigten Anwohner baten einen Schamanen um Hilfe. Dieser nahm den Kampf mit dem Ungeheuer auf und mithilfe seiner Lanze schaffte er es, dieses zu töten. Nach seinem Sieg verwandelte sich der Schamane in eine Ente, um über die Lagune und die Bäche zurück zu seinem Dorf zu gelangen.

Heute liegt die Lagune friedlich da, und sie erfüllt zudem eine wichtige Funktion: Sie ist die Grundlage der Wasserversorgung des nördlichen Teils der nahegelegenen Hauptstadt Quito.

Wir passieren das hübsche, winzige Dörfchen Papallacta und erreichen kurz danach unser Ziel. Die Anlage ist sauber und gepflegt, Umkleiden und Duschen gibt es in ausreichender Zahl. Schließfächer können gegen eine Pfandgebühr gemietet werden. Blühende Bäume und Blumen säumen die Grünanlagen zwischen den Becken.

Die Lage des Thermalbads ist fantastisch: Eingebettet in grüne Hügel und Berge liegst du wohlig im warmen Wasserbecken, während dein Blick auf weidende Kühe und Lamas auf üppigen Andenhochlandwiesen fällt. Bei gutem Wetter und klarer Sicht kannst du sogar den nahegelegenen Vulkan Antisana (5.753 m hoch) erblicken. 3.300 m hoch gelegen ist es dort meistens kühl, vor allem wenn die Sonne sich im Bergnebel verliert. Dafür entschädigen dann die Becken mit heißem und warmem Wasser. Das Rauschen des Flusses Rio Papallacta, der für die Kaltwasserzufuhr zu den heißen Thermalquellen sorgt, trägt ebenfalls zur Entspannung bei.

Empfehlenswert ist auch ein Besuch nach Einbruch der Dunkelheit, zum Beispiel in einer Vollmondnacht. Wenn sich über dir der Sternenhimmel wölbt und der runde weißliche Mond sich in den Wasserbecken spiegelt, ist dies der perfekte Ort und Zeitpunkt, um neue Manifestationen in dein Leben hineinzuziehen. Vollmond ist nämlich der ideale Zeitpunkt, um Wünsche, Ziele und Absichten zu formulieren und Neues zu manifestieren.

Im Deutschen hat der Mond ein männliches Geschlecht. Das rührt aus der germanischen Mythologie, in der er ein männlicher Riese ist, der von Gott Odin weg von der Erde an den Himmel verbannt wurde. In vielen anderen Sprachen ist das jedoch anders. Im Spanischen heißt Mond “luna” und besitzt ein weibliches Geschlecht, was der Realität viel näher kommt, denn tatsächlich ist der Mond eng mit dem weiblichen Element verbunden. Dies können wir unter anderem an den mondgesteuerten Zyklen der Frau erkennen. Um dem gerecht zu werden, wird im Deutschen daher heute oft der etwas künstliche Begriff “die Mondin” verwendet, den ich hier aufgreifen möchte.

In dieser Vollmondnacht sitzt du entspannt in einem Wasserbecken, umhüllt vom warmen, tief aus der Pacha Mama, der Mutter Erde, heraus strömenden Wasser. Sei dir bewusst, dass du dich im Schoß von Pacha Mama befindest, behütet und geborgen. Über dir breitet sich die starke ur-weibliche Energie der Vollmondin aus. Spüre hinein, wie sich diese beiden Energien mit deiner Energie verbinden und sie in ihrer besonderen und einzigartigen Kraft potenzieren. Nun ist es ein Leichtes für dich, auf weibliche Weise zu manifestieren. Du musst nicht mehr in der harten männlichen Energie deine Ziele streng und strategisch verfolgen, sondern lässt dich von deinem Herzen leiten. Dein Manifestationsprozess ist nun leicht und freudig, empfangend und in tiefem Frieden. Voller Vertrauen folgst deiner Intuition, die dir sicher und zielgenau den Weg weist.

Auf diese Weise werden sich deine kühnsten Visionen, lang gehegte Träume und verborgenste Sehnsüchte den Weg aus deinem Herzensraum nach draußen, in die Umsetzung, ins Universum bahnen. Unterschätze diese Art der Manifestation nicht. Sie wirkt zart und ist es, aber sie besitzt gleichzeitig die gewaltige Kraft eines lebenschaffenden Geburtsvorgangs. Alles, was du dazu tun musst, ist es erlauben, geschehen lassen, durchfließen lassen.

Gleichzeitig lässt du die großartige und imposante Naturkulisse der Hochanden auf dich wirken. Du fühlst dich eins mit der Natur und lässt zu, dass deine Batterien durch Wasser, Sonne, Wind und die intensive Energie der Berge wieder aufgeladen werden.

Dein Körper kann sich nach dem Bad im Restaurant Pumamaki auf dem Gelände auf noch eine weitere Weise stärken. Die Gerichte mit Zutaten aus der Region - zum Beispiel die Forellen aus den umliegenden Bächen - sind schmackhaft zubereitet.

Vorab und auch zu den Gerichten reicht man dort ein leckeres und typisches Ají (scharfe Chilisoße – in diesem Fall aber nicht sehr scharf). Ich liebe die ecuadorianischen Ajís, daher findest du im Anschluss an dieses Kapitel auch ein Ají-Rezept.

Noch ein Tipp: Wenn du in Papallacta übernachtest oder dich nach dem Bad voller Energie fühlst, kannst du eine Wanderung durch den Parque Nacional Cayambe-Coca einlegen. Direkt an den Termas befindet sich ein Zugang zu diesem Nationalpark mit der atemberaubenden Natur von Andenhochlandwiesen, abgeschiedenen Seen und einer vielfältigen Tierwelt. Mit etwas Glück kannst du vielleicht einen Blick auf das scheueste Tier der Anden, den Brillenbär, erhaschen, der in dieser Gegend lebt.

15 Rezept: Ají – der pikante Pep für (fast) jedes Gericht

Einer meiner Lieblings-Ajis ist der aus der Tomate de Arbol (Tamarillo). Die Baumtomate stammt aus Südamerika (inzwischen ist sie auch in Neuseeland verbreitet) und sieht aus wie eine Roma-Tomate. Allerdings ist ihre Haut fester und dicker, und sie ist etwas länglicher. In Ecuador hat sie eine orange-rote Färbung, aber sie kann auch dunkelrot oder violett sein. Obwohl sie ein Nachtschattengewächs ist, zählt sie nicht zum Gemüse, sondern zum Obst.

Baumtomaten werden in Ecuador gerne zu Säften verarbeitet, und eben auch zu einer scharfen Soße, dem sogenannten Ají, der zu vielen typischen Gerichten serviert wird: Eintöpfe und Suppen, Patacones (gebratene Kochbanane), Empanadas (gefüllte Teigtaschen), Humitas, Fleisch- und Fischgerichte. Also zu fast allem. Auch ein einfaches Rührei lässt sich mit einem Löffelchen Ají köstlich aufpeppen.

Zutaten:

- 5 frische oder gefrorene Baumtomaten oder Tamarillos
- 2 scharfe Serrano- oder Habanero-Peperoni - je nach gewünschter Schärfe
- 2 Esslöffel fein gehackte weiße Zwiebel
- 1 Esslöffel fein gehackter Koriander
- 1 Esslöffel Limettensaft
- 3-4 Esslöffel Wasser oder Öl, wenn es cremiger sein soll
- Salz nach Geschmack
- Chochos (die Frucht der Anden-Lupine, die in Hülsenfrüchten, ähnlich wie Erbsen, Samen hervorbringt) - optional und nach Geschmack

Zubereitung:

Frische Baumtomaten mit der Haut 5 Minuten lang kochen, damit sie sich leichter schälen lassen.
Gefrorene Baumtomaten über Nacht im Kühlschrank langsam auftauen, längs halbieren und mit einem Löffel das Fruchtfleisch herauskratzen.

Das Fruchtfleisch der Baumtomaten oder Tamarillos mit den entkernten Chilis und dem Wasser oder Öl pürieren. Die gehackte Zwiebel, den Limettensaft und den gehackten Koriander unterrühren und mit Salz abschmecken. Als Letztes die Chochos, falls gewünscht, hinzufügen.

Nach diesem Grundrezept kann man auch andere Ajíes oder scharfe Saucen zubereiten. So kannst du zum Beispiel Ananas, Maracuya (Passionsfrucht), Mango, Taxo, Uvillas (Kapstachelbeere - Physalis) und andere tropische Früchte hinzufügen, um scharfe Saucen mit einer leicht süßsauren Note zu kreieren.

16 Mitad del Mundo – In der Mitte der Welt

Ecuador wurde nach dem Äquator benannt, der ca. 23 km nördlich der Hauptstadt Quito durch die Kleinstadt San Antonio de Pichincha verläuft. Der Besuch dieses Ortes ist ein Erlebnis, das du dir nicht entgehen lassen kannst, zumal er sich bequem in einem Tagesausflug bewältigen lässt.

1736 wies ein französischer Wissenschaftler nach, dass an dieser Stelle die Äquatorlinie verläuft. Er irrte sich – allerdings nur um wenige Meter.

Verschiedene Museen vor Ort – das kleinere Museo Solar Inti Ñan und die große Anlage „La Mitad del Mundo“ - bringen den Tourist:innen die Besonderheit nahe, dass man auf der Äquatorlinie steht. Sozusagen mit einem Bein auf der Nordhalbkugel und mit dem anderen Bein auf der Südhalbkugel.

„La Mitad del Mundo“ist eine weitläufige Parkanlage mit Bauwerken im Stil eines Dorfes aus der Kolonialzeit. Im Zentrum befindet sich ein hohes Denkmal, gekrönt von einer großen Bronzekugel. Im Gebäude befindet sich ein ethnografisches Museum und oben eine Aussichtsplattform, von der man einen weiten Blick über die Anlage und die Umgebung hat. Verschiedene andere Ausstellungen auf dem Gelände vermitteln einen guten Einblick in die kulturelle Vielfalt Ecuadors.

Das Museo Solar Inti Ñan hingegen ist kleiner, aber auch unterhaltsamer. Dort können die Besucher:innen an

Experimenten teilnehmen, die die besondere Energie des Äquators und den Unterschied zwischen der Nord- und der Südhalbkugel verdeutlichen sollen. So wird demonstriert, dass sich das Wasser der Toilettenspülung auf der Nordseite des Planeten in eine andere Richtung dreht als auf der Südseite und dass man auf dem Äquator weniger wiegt. Du kannst auch ausprobieren, wie du mit geschlossenen Augen auf der Äquatorlinie läufst – sehr lustig und kurzweilig.

Manches davon ist nicht ganz ernst zu nehmen, hat aber durchaus einen gewissen Unterhaltungs- und Informationswert.

Wahr ist allerdings, dass man tatsächlich am Äquator weniger wiegt, und dass die Sonne am Tag der Frühjahrs- und Herbst-Tagundnachtgleiche genau über dem Äquator steht.

Übrigens liegen beide Museen gar nicht direkt auf dem Äquator, sondern wenige Meter davon entfernt.

Faszinierend finde ich, dass die indigene Kultstätte Catequilla hingegen genau auf der richtigen Äquatorlinie liegt!

Dank der GPS-Technologie konnte nachgewiesen werden, dass der wahre Breitengrad mit 0 Grad, 0 Minuten und 0 Sekunden auf dem Gipfel des Berges Catequilla liegt, 240 Meter südlich des großen Touristenkomplexes. Und genau an dieser Stelle befindet sich eine archäologische Stätte, die vermutlich astronomisch genutzt wurde und gleichzeitig ein zeremonieller Ort war.

Der Bergname Catequilla kommt von den Kichwa-Wörtern "Kati" und "Killa", auf Deutsch "der dem Mond folgt". Da Kichwa die Sprache der Inkas war, belegt dies ihre Anwesenheit an diesem Ort. Heute gilt jedoch als erwiesen, dass die ursprüngliche

Anlage mit der absolut genauen Positionierung auf der Äquatorlinie und den astronomisch exakt ausgerichteten Steinquadern auf der Bergkuppe von den Urvölkern der Region, lange vor der Ankunft der Inkas, errichtet wurde. Bereits in Vorzeiten verfügten sie über ein großes astronomisches Wissen!

17 Heilende Bäume und liebende Vulkane: Ausflug in die Sierra Norte

In Ecuador verbringt man sehr viel Zeit mit der Familie. Familie ist dort wichtiger als Freunde, und man widmet ihr oft das ganze Wochenende. Das bedeutet nicht, dass die innerfamiliären Beziehungen besser oder harmonischer sind als bei uns. Es ist schlichtweg Tradition, dass Familie an erster Stelle steht, und aus dieser Verpflichtung befreit sich kaum jemand in diesem Land.

Wenn ein Ausflug gemacht wird, unternimmt man ihn mit so vielen Familienmitgliedern wie möglich. Von der Oma über die Geschwister mit ihren Partner:innen, deren Kinder und Kindeskinder sind alle, die Zeit und Lust haben, dabei. Mit meiner ecuadorianischen Familie habe ich viele solcher Ausflüge in unterschiedlichen Konstellationen unternommen. Das ist immer lustig und bunt, da jede Generation - und natürlich jede Person! - unterschiedliche Bedürfnisse und Interessen hat. Letztendlich jedoch zählt, was das älteste Familienmitglied möchte, und danach richten sich alle.

Ein klassischer Ausflug - egal ob mit Familie, alleine oder in einer Reisegruppe - ist der von Quito in die Sierra Norte. Hinaus aus der Stadt und ihrem Häusermeer! Über Quitos nördliche Stadtteile Cotocollao und Calderón verlassen wir in einer kleinen Familiengruppe die Stadt in Richtung Norden. Schon ab dem quirligen Cotocollao leuchtet uns der Cayambe entgegen – ein von Schnee und Gletschern bedeckter Vulkan, mit seinen 5.790 m der dritthöchste Vulkan Ecuadors, zu dessen Füßen die gleichnamige Stadt liegt. Dort gibt es die köstlichen bizcochos – ein Mürbe-Salzgebäck, das man mit Queso de hoja isst, einem ursprünglich in ein Blatt eingewickelten Käse. Heutzutage ist der frische Käse in Plastik eingewickelt. Wie bei jedem Ausflug in Ecuador ist es auch hier so, dass man nur einen Ort auf der Reiseroute erwähnen muss, und sogleich spricht meine ecuadorianische Familie von den dort typischen Gerichten und Zubereitungsweisen. Sie erinnern sich an gute Lokale zum Einkehren, und Geruch und Geschmack des erwähnten Gerichts steigen direkt aus der Erinnerung auf und steigern die Vorfreude auf den Ausflug.

Nun lassen wir die Stadt ganz hinter uns und passieren den Abzweig zum Flughafen. Die gut ausgebaute Straße - ein Präsident des Landes hatte den Straßenbau intensiv gefördert - schlängelt sich zwischen den Bergen hindurch.

Der Baum der Macht und der Energien

Nach einiger Fahrzeit erscheint am Straßenrand der Hinweis auf den Parque de Jerusalén, ein ökologischer Park und Schutzwald, der gleichzeitig ein Freizeit- und Erholungspark ist, der die Stadtbevölkerung in Verbindung mit der Natur ihrer Umgebung bringen soll.

Wir legen einen Zwischenstopp in diesem Schutzwald ein. Neben anderen Bäumen gibt es dort einige sehr schöne Exemplare des Quishuar-Baumes. Der Quishuar wächst in den Höhenlagen der Anden auf 3.000-4.500 m. Für die Inkas war er ein heiliger Baum und der Sitz der Geister, die ihnen in schweren Zeiten Hilfe zukommen ließen.

In der Kosmovision, also der Weltsicht und dem Weltverständnis der Andenvölker, sind alle Naturelemente heilig und jedem Element ist ein Geist ("apu" auf Kichwa) zugeordnet. Da der Quishuar ein energetisch besonderer Baum ist, gilt auch sein Geist als mächtig.

Weiterhin glauben die Andenvölker, dass die Naturelemente und der Mensch nicht isoliert voneinander existieren, sondern stets miteinander verbunden sind. Deshalb bittet der Mensch auch um Erlaubnis, bevor er sich etwas nimmt, zum Beispiel beim Holzfällen oder bei der Ernte von Früchten. Ebenso bittet der

Mensch um Erlaubnis, sich einem Naturwesen oder Naturelement, wie einem Baum, zu nähern.

Heute weiß man auch bei uns um die heilende und beruhigende Wirkung von Bäumen. Die Kurse in Waldbaden zeugen davon. Aber viele wissen nicht, wie sie sich einem Baum nähern sollten. Oftmals werden Bäume als Dinge angesehen und wir verhalten uns ihnen gegenüber unsensibel und übergriffig, auf eine Weise, wie wir es nicht mögen würden, wenn man uns so behandelte.

Wir suchen nun diese energetisch starken Quishuar-Bäume auf. Dabei nähere ich mich dem Baum zunächst nur so weit, dass ich seine ganze Größe noch gut mit meinen Augen erfassen kann. Ich setze die Intention, dass ich eine inspirierende, heilende und insgesamt innige Begegnung mit dem Quishuar-Baum haben werde. Es hilft ungemein, eine Intention zu setzen, weil es fokussiert, und andere Gedanken und Verhaltensweisen tatsächlich ausblendet. Als nächstes bitte ich den Baum um Erlaubnis, mich ihm nähern und ihn auch berühren zu dürfen. Ich öffne mich für eine Antwort und erhalte die Erlaubnis. Erst dann nähere ich mich und berühre und umarme den Baum. In der Umarmung spüre ich seine wunderbar friedvolle und harmonisierende Energie, in die ich mich fallen lassen kann. Je länger ich in dieser Umarmung verweile, desto mehr durchdringt mich seine kraftvolle Ruhe. Tiefer Friede breitet sich in mir aus und bringt alles Laute in mir zum Schweigen. Ich verschmelze mehr und mehr mit dem Baum, aus meinen Füßen wachsen zarte Wurzeln, die sich mit seinen alten, kräftigen Wurzeln verbinden und ich werde Teil seines Verwurzeltseins in der Pacha Mama, der Mutter Erde. Die heilende und ausgleichende Wirkung des Baums kann nun tief in mir wirken. Dazu muss ich gar nichts tun, allein meine Erlaubnis und das Geschehen lassen reichen aus.

Ein berührender und tief gefühlter Moment, in dem ich ganz bei mir und zugleich eins mit der Natur bin.

Im Zentrum des Rosenanbaus beim Vulkan Cayambe

Nach dieser innigen Begegnung setzen wir unsere Fahrt fort. Wir passieren Dörfer, fahren an Straßenständen und am Wegesrand grasenden Kühen vorbei, bis wir an einem Aussichtspunkt halten, von dem aus wir bei klarer Sicht und strahlend blauem Himmel die Schönheit des Vulkans Cayambe bewundern können. Ich steige aus und gehe bis an den Rand des kleinen Parkplatzes. Vor mir breitet sich eine tiefe und weite Schlucht aus. Ganz tief unten im Tal erkenne ich Weiden mit Kühen. In der Ferne, genau gegenüber, thront der Cayambe. Ein wahrhaft majestätisches Bild, umrahmt von grünen blühenden Büschen und angestrahlt von der hellen und klaren Äquatorsonne.

Dieses Tal ist bekannt für seinen Blumenanbau. Das wird sehr deutlich, als wir nach Tabacundo kommen. Der geschäftige Ort wird auch „die Hauptstadt der Rosen“ genannt wegen seines intensiven und extensiven Rosenanbaus. Rosen sind eines der wichtigsten Exportprodukte Ecuadors, und sie werden dort in großen Gewächshäusern herangezogen. An der Haupt- und Durchgangsstraße reiht sich ein Blumenstand an den nächsten, mit wunderschönen Sträußen, die, verglichen mit unseren Preisen, für sehr wenig Geld zu haben sind. Zur Feier des

Dorffestes werden dort alljährlich große Blumenbilder gestaltet, die um einen Eintrag ins Guinessbuch der Rekorde wetteifern.

Nun ist es Zeit für ein typisches regionales Frühstück. Wir kehren in eines der Cafés am Straßenrand ein. Es gibt Kaffee – auf Wunsch auch heiße Schokolade oder Tee – mit den bereits erwähnten Bizcochos und Queso de Hoja, einem frischen Weißkäse in länglichen, etwas mehr als fingerdicken Stücken. Bizcochos sind ein Mürbegebäck, das Anis enthält, was ihnen ihren unverwechselbaren Geschmack gibt.

Zu Füssen des Vulkans Imbabura

Gestärkt fahren wir weiter. Nach dem Cayambe taucht nun der nächste imposante Berg, der Imbabura (4.609 m) auf. Taita Imbabura, also "Papa Imbabura", wie er von den Bewohnern genannt wird, ist ebenfalls ein Vulkan, der seine schneelose Kuppe oft hinter Wolken versteckt. In der andinen Kosmovision, also der Sicht der frühen Andenbewohner auf ihre Welt, waren die Berge personifiziert und man erzählte sich ihre Geschichten, wie zum Beispiel die Liebesgeschichte der Berge Imbabura und des in der Nähe liegenden Vulkans Cotacachi.

Kurz danach, hinter einer Kurve, öffnet sich das Bergpanorama wie ein Theatervorhang und gibt den Blick frei auf den Lago San Pablo, einen tiefen Kratersee, der zu Füßen des Imbabura liegt. Die Straße geht nun steil bergab und zeigt den See aus wechselnden Perspektiven. Es lohnt sich, ihn zu umrunden. Die Hotels und Restaurants, die neben gutem Essen einen wunderbaren Blick auf den See bieten, verfügen auch über Anleger für Ausflugsschiffe und Möglichkeiten für Wassersport, allerdings ist es kein Badesee. Zwischen den Hotels liegen kleine, ursprüngliche Fischerdörfer neben alten Haciendas und Weideflächen mit Kühen und Ziegen. Auch hier finden wir wieder das Moderne und Touristische neben dem Ursprünglichen. Das Wasser des Sees, der undurchdringlich erscheint, ist immer bewegt, auch an windstillen und ruhigen Tagen.

Auch die UNESCO trägt der einzigartigen Schönheit der Anden Ecuadors Rechnung, indem sie diese Region 2018 zum Geopark ernannte: UNESCO-Geopark Imbabura. In der Begründung heißt es, dass Vulkane, Seen, Täler und Wasserfälle hier ein einzigartiges geologisches Erbe bilden, das dazu einlädt, die Vergangenheit des Planeten Erde und den Beginn unserer Lebensbedingungen besser zu verstehen. Hinzu kommt das kulturelle Erbe der indigenen Völker in der Region, das gepflegt und erhalten werden soll. Nachhaltige Entwicklung und Schutz der natürlichen und menschlichen Ressourcen durch Bildung und lokalen Tourismus sind Ziele vieler kommunaler Organisationen in dieser Region.

Teil des kulturellen Erbes sind auch die uralten mündlich überlieferten Legenden, die heute gesammelt und schriftlich festgehalten werden. Eine besonders berührende Legende handelt von den Vulkanen Imbabura und Cotacachi.

Die Legende von Taita Imbabura und Mama Cotacachi

"Die Überlieferung sagt, dass die Berge in frühen Zeiten Götter waren, die über das Wasser wanderten, das bedeckt war mit den ersten Gerüchen der Geburt der Welt. Der Berg Imbabura war ein hübscher und kräftiger junger Mann. Er stand morgens sehr früh auf und abends schaute er sich gerne die Landschaft in der Dämmerung an. Eines Tages beschloss er, sich weitere Orte anzusehen. Er schloss Freundschaft mit anderen Bergen, die er häufig bei seinen Spaziergängen durch die Umgebung besuchte.

Doch eines Nachmittags traf er einen Berg, der ein Mädchen namens Cotacachi war. Von dem Moment an, als er sie sah, war er von Freude überwältigt, als würde ein Feuer in seinem Herzen brennen. Er war nicht mehr derselbe. Er verstand, dass das Glück darin bestand, an ihrer Seite zu gehen und die Sterne zu erblicken. So entstand zwischen diesen beiden Bergen ein Zauber, der den Schwung des frühen Verliebtseins hatte.

Der Imbabura trug den spärlichen Schnee von seinem Gipfel zu seiner Geliebten. Es war ein in Liebe verpacktes Angebot dieses Giganten. Sie erwiderte diese Liebesgabe, indem sie ihm den Frost schenkte, der auf ihrem Gipfel geboren wurde. Nach einiger Zeit gaben sich die Liebenden ihrer duftenden Liebe hin.

Die Wolken zogen vorbei und betrachteten diese überschwänglichen Gipfel, die sich inmitten riesiger Lagunen in den Armen lagen. Ihre intensive Zärtlichkeit wurde mit der Geburt eines Sohnes belohnt. Yanaurcu, so nannten sie ihn, zu einer Zeit, als sich die Wiesen vor Freude bewegten.

Aber Imbabura wurde alt. Sein Kopf schmerzt. Aus diesem Grund ist er bis heute von Wolken bedeckt. Wenn sich die Wolken auflösen, betrachtet der Taita seine geliebte Cotacachi, die so verschneit ist, als würde ihr noch immer ein junger Berg über ihr Gesicht streicheln."

(Quelle: Überlieferung; Übersetzung der Verfasserin)

18 Otavalo: Der größte Kunsthandwerksmarkt Lateinamerikas

Nach anderthalbstündiger Fahrt erreichen wir Otavalo, eine geschäftige Stadt in der Sierra Norte, bekannt für ihren Markt auf der zentralen Plaza de Ponchos, dem Poncho-Platz. Der Besuch dieses Ortes und des Marktes ist unbedingt empfehlenswert, denn die Kleinstadt Otavalo ist besonders, was an ihren Bewohnern liegt. Die Otavaleños sind ein eigenes Volk, das bekannt ist für seine guten Organisationsstrukturen und seine Geschäftstüchtigkeit. Bei Otavalo fällt bereits beim Durchfahren auf, dass es eine saubere Stadt ist. Vielleicht ist auch dies ein Zeichen des geschäftlichen Erfolges ihrer Bewohner. Aber dazu später mehr.

Der Markt in Otavalo ist einer der größten indigenen Kunsthandwerksmärkte in ganz Südamerika, wenn nicht der größte. Hierzu gibt es unterschiedliche Angaben. Er besteht seit Jahrhunderten. Bereits vor der Eroberung der Region durch die Inkas wurden dort Geschäfte zwischen Händlern aus dem Urwald und den dort lebenden Völkern abgewickelt.

Ich liebe den farbenfrohen Markt und die wunderschönen Dinge, die dort verkauft werden. Es gibt ein großes Angebot an ecuadorianischem Kunsthandwerk in bunten Farben und Mustern, vieles davon aus Naturmaterialien.

Was findest du dort alles? Die Frage sollte vielleicht lauten: Was findest du dort nicht, denn es gibt ein vielfältiges und sehr großes Angebot.

Auf der Plaza de los Ponchos, wo der Markt stattfindet, bietet es sich natürlich an, einen Poncho zu kaufen. Es gibt sie in vielen Designs, von rustikal bis elegant. Schwelge in einer Poncho-Modenschau und schau, welcher Poncho dir am besten steht und sich am besten für dich anfühlt. Vielleicht entscheidest du dich für einen klassischen Poncho aus Alpaka-Wolle mit traditionellen Mustern. Dann bist du gut ausgestattet für den Winter, denn Alpaka-Wolle hat wunderbar wärmende Eigenschaften. Alpakas sind aus den Anden stammende, kamelartige Herdentiere und mit den Lamas verwandt. Allerdings sind sie kleiner und zierlicher. Seit Tausenden von Jahren werden sie wegen der Qualität ihrer Wolle gezüchtet. Die Alpaka-Faser ist weich und glänzend, feiner und wärmer als Schafwolle. Da sie kein Wollfett enthält, kratzt sie nicht. Die Fasern sind innen hohl, weswegen diese Wolle gut isoliert und bei niedrigen Temperaturen die Körperwärme besser speichert als andere Wollarten. Zur Zeit der Inkas galt ein Alpaka-Mantel übrigens als Zeichen von Wohlstand. Außer Ponchos findest du auf dem Markt natürlich viele andere Produkte aus dieser warmen Wolle, zum Beispiel Pullover, Schals, Handschuhe und die bekannten, die Ohren bedeckenden Inka-Mützen. Süß sind auch die Kuscheltiere aus Alpaka, kleine Lamas mit einem sehr weichen kuscheligen Fell.

Handgefertigte Tischdecken oder Platzsets, Kissenhüllen und Stoffe gibt es entweder in den althergebrachten bunten andinen Mustern gewebt oder traditionell im nahegelegenen Bergdorf

Zuleta bestickt. Aus Zuleta kommen auch die wunderschön bestickten Blusen.

Andere, mit dem andinen Design gewebte Accessoires sind zum Beispiel Boden- und Wandteppiche, Armbänder, kleine und große Taschen, Tücher und Schals. Mach dich auf eine Explosion der Farben gefasst!

Natürlich gibt es auch viel Schmuck, zum Beispiel Ringe und Ohrringe aus Silber sowie ganze Schmuck-Sets bestehend aus Ohrringen, Kette und Armband aus der Spondylus-Muschel, die man in den Farben orange und lila am Pazifikstrand Ecuadors findet.

Ein weiteres typisches Mitbringsel sind Produkte aus Tagua. Auf dem Kunsthandwerksmarkt findest du Schmuck, Schlüsselringe, Schachspiele und vieles andere aus Tagua, zum Teil herrlich bunt gefärbt.

Es gibt auch ein großes Angebot an Lederprodukten, zum Beispiel Geldbörsen, Gürtel, Rucksäcke und Taschen, ja sogar Schuhe aus Leder. Diese Dinge werden im benachbarten, nur 12 km entfernten Ort Cotacachi gefertigt, der ein Zentrum der Lederbearbeitung ist.

Ein besonderes Mitbringsel ist eine gestrickte bunte Maske des Diablo Huma. Der Diablo Huma ist eine wichtige Gestalt des Inti Raymi-Festes zur Sommersonnenwende am 21. Juni. Bei diesem Fest wird für eine gute Ernte gebetet – ein wichtiges Anliegen für die vom Ackerbau lebenden indigenen Völker. Diablo Huma bringt bei diesem Fest die wichtigsten Akteure für eine gute Ernte, nämlich Sonne, Mond und Pacha Mama, die Mutter Erde, in Verbindung und in Harmonie. Er badet in den Wasserfällen der Sierra und lädt sich dort mit Energie auf, damit er alle Dämonen vertreiben kann, die die Ernte bedrohen. „Diablo“ heißt Teufel auf Spanisch, aber von einem Teufel hat er wenig. Er wird auch Aya Uma genannt, und der Beiname „Diablo“ wurde ihm von den spanischen Kolonialherren und der katholischen Kirche gegeben, um die Bevölkerung von der ihrer Meinung nach heidnischen Verehrung der Sonne, des Mondes und der Pacha Mama abzuhalten. Die farbige Maske besteht aus zwei Gesichtern, die die Dualität des Kosmos (gut und böse, Sonne und Mond, Tag und Nacht, Zukunft und Gegenwart, Norden und Süden) symbolisieren.

Auch die sogenannten „Panama“-Hüte bzw. Sombreros de Montecristi findest du hier in unterschiedlichen Qualitäten. Zu dieser nützlichen Kopfbedeckung erzähle ich dir später noch mehr. Aus demselben Material, dem weichen und flexiblen Toquillo-Stroh, werden auch Körbe von ganz klein bis groß angeboten.

Weiterhin findest du wunderschön gezeichnete Bilder, Lesezeichen und Magnete mit Motiven aus Ecuador. Recht neu im Sortiment sind Küchenutensilien und Deko-Gegenstände aus dem Holz der Guayacanes, einem Baum, der im Süden des Landes heimisch ist und alljährlich ab Ende Dezember in üppiger Pracht erblüht.

Am Samstag, dem Hauptmarkt-Tag, kann man dort auch Gemüse, Kartoffeln und sogar lebende Hühner und Meerschweinchen kaufen.

Rund um den Markt und in den Straßen des Stadtzentrums gibt es nette Cafés und Speiselokale, in denen es abends Live-Darbietungen andiner Musikgruppen gibt.

Das Volk der Otavaleños

Wie bereits angedeutet, sind die Otavaleños ein eigenes Volk. Als Untergruppe gehören sie zur großen Volksgruppe der Kichwa, die mit über zwei Millionen Menschen Ecuadors größte ethnische Gruppe darstellen. Ihr Lebensraum ist die Sierra, also das Andenhochland, und das Amazonasgebiet. Sie bearbeiten kleine Landparzellen und halten Rinder und Schafe. Gewebte Stoffe und Kunsthandwerk sind eine weitere Einnahmequelle. Allerdings sind ihre Kultur und Lebensweisen je nach Lebensraum – ob Anden-Hochland oder Amazonas-Tiefland - sehr unterschiedlich.

Die bekannteste Gruppe der Kichwas sind tatsächlich die Otavaleños. Über die Landesgrenzen hinaus sind sie auch international bekannt und erfolgreich. Bestes Beispiel ist der beschriebene große Kunsthandwerksmarkt auf der Plaza de Ponchos im Herzen von Otavalo.

Wie andere ethnische Gruppen haben auch die Otavaleños eine traditionelle Bekleidung, die sie von anderen Volksgruppen unterscheidet: Die Männer tragen einen blauen Poncho, einen weichen Filzhut, weiße Kniestrümpfe und einen shimba, einen geflochtenen Zopf, der bis zur Taille reicht. Diese Haartracht stammt aus Vor-Inka-Zeiten. Die Tracht der Frauen kommt der Inka-Tracht am nächsten: Weiße Bluse, blauer Rock, Umhang und Schmuck. Hier hat jedes einzelne Kleidungsstück eine Bedeutung!

Im Alltag sieht man, dass überwiegend Frauen noch Tracht tragen, die Männer hingegen weniger.

Die Bewohner von Otavalo erbten von ihren Vorfahren die Techniken, um Schafwolle auf hölzernen Webstühlen zu verarbeiten, sowie die traditionellen Muster. Zum Teil fanden sich auch Vorlagen in alten Grabanlagen.

Die Webstühle der Kichwa, Cashua genannt, lagen früher auf dem Boden, und der Weber saß auf einer Strohmatte. Dies hat sich geändert. Die Webstühle sind immer noch aus Holz, aber höher, und nun sitzt der Weber auf einem Stuhl. Ja, es sind tatsächlich Weber – traditionell wird diese Tätigkeit immer noch größtenteils von Männern ausgeübt. Was sich verändert hat, ist die Schnelligkeit der Produktion: Während es früher einen Monat dauerte, um einen Poncho zu weben, werden heutzutage vier Ponchos pro Woche hergestellt.

Die Kichwa sprechen untereinander ihre Sprache, und Beschilderungen sind zweisprachig – spanisch und kichwa. Auch der Schulunterricht ist interkulturell zweisprachig, sofern es dazu ausgebildetes Lehrpersonal gibt. Einige kichwa-Wörter haben sich über ihren Sprachraum hinaus einen Platz in der spanischen Umgangssprache der Andenregion erobert. So ist es zum Beispiel auch unter Nicht-Kichwa üblich, achachay zu sagen, wenn einem kalt ist, oder arrarray, wenn etwas heiß ist.

An diesem Ausflugstag setzen wir uns nach einem Gang über den Markt und durch das Stadtzentrum in ein Café, um unsere müden Füße auszuruhen. Wir brauchen auch dringend etwas Schatten, denn die Sonne knallt heute förmlich vom Firmament.

Die Einheimischen tragen alle eine Kopfbedeckung, und manche halten sich noch zusätzlich etwas über den Kopf, um sich vor der intensiven Strahlung zu schützen. Bei dieser intensiven Höhensonne brauchst du unbedingt einen Sonnenschutz mit hohem Lichtschutzfaktor!

Wir verbringen noch einen ruhigen Nachmittag und Abend in Otavalo und übernachten oberhalb des Ortes, auf dem Berghang, im kleinen hölzernen Ferienhäuschen eines Freundes. Von dort aus beobachten wir, wie sich die Sonne zügig verabschiedet und gold-rot strahlend hinter den Bergen verschwindet. Es wird dunkel. Ich stehe noch lange auf der kleinen Terrasse vor der Hütte und schaue in die Nacht, die mich samtschwarz und kalt umhüllt. Es ist sternenklar, und über mir spannt sich das Sternenmuster der Südhalbkugel, mit anderen Sternbildern und fremden Mustern. Dem Himmel so nah zeigen sich mir noch mehr Sterne, mit zartem Licht, weiter entfernt. Von meinem Aussichtspunkt auf dem Berg aus komme ich aus dem Staunen nicht mehr heraus: Immer neue Sternenfelder tun sich vor mir auf und ich stelle mir vor, wie ich in ferne und unbekannte Galaxien hineinblicke, während die Welt um mich herum zum Schweigen kommt. Gelegentlich bellt noch ein Hund. Unten im Tal sehe ich nur noch wenige Lichter.

Von oben, vom sternenübersäten Himmelszelt, steigt eine tiefe und intensive Stille herab. Sie legt sich über die mächtigen Berge, deren Umrisse ich nur noch erahnen kann, und hüllt auch mich mit ein. Nach und nach senkt sie sich weiter hinab und und füllt das Tal. Die kleine Stadt mit all ihrer Geschäftigkeit kommt zur Ruhe. Die Erde, Pacha Mama, öffnet sich und ist empfangsbereit für das Geschenk der Stille. Freudig nimmt sie Tag für Tag das

Geschenk der nächtlichen Ruhe an. Ich tue es ihr gleich. Ich stehe gerade und fest verwurzelt mit der Pacha Mama, und die schwarze tiefe Stille fließt durch mich vom Himmel bis in den Erdkern.

19 Rezept: Seco de Pollo – Hühnchen auf ecuadorianisch

In Ecuador isst man sehr viel Hühnchenfleisch. Oft gegrillt, aber eben auch in diesem klassischen Rezept, das eher der Hausmannskost zuzuordnen ist. Das Gute hieran ist, dass man es überall nachkochen und auch gut vorbereiten kann. Es wird traditionell mit dem Saft der Naranjilla zubereitet, den man hier durch Orangensaft ersetzen kann. Alle anderen Zutaten sind auch bei uns erhältlich.

Der Name dieses Gerichts, „seco de pollo“ lautet übersetzt „getrocknetes Hähnchen“, was ich völlig irreführend finde, denn das Hühnchen wird in einer schmackhaften Sosse gegart und mit dieser serviert.

In meiner Familie rangiert dieses Gericht übrigens ganz weit oben auf der Skala der Lieblingsgerichte.

Zutaten:

- 4 Hähnchenteile (z.B. Schenkel)
- 0,5 Teelöffel gemahlener Kreuzkümmel
- 1 Esslöffel Öl
- 1 Zwiebel, in Stücke geschnitten
- 2 Knoblauchzehen
- 100 ml mildes Bier, alternativ Weißwein oder Apfelwein)
- 100 ml Naranjilla-Saft, alternativ frischer Orangen- oder Maracuja-Saft
- 2 Tomaten, geviertelt
- 1 halbe Paprikaschote, entkernt und in Würfel geschnitten
- 4 Korianderstängel - etwas davon fein gehackt aufbewahren, um es am Ende hinzuzufügen
- Etwas Petersilie - nur die Blätter – und etwas davon fein gehackt aufbewahren, um es am Ende hinzuzufügen
- 1 Teelöffel getrockneter Oregano
- Etwas Chili, frisch oder in Pulverform, nach Geschmack
- Salz und Pfeffer zum Abschmecken

Zubereitung:

Die Hähnchenteile mit gemahlenem Kreuzkümmel, Salz und Pfeffer bestreuen.

Das Bier und den Saft der Naranjilla (oder Alternativen) mit den Tomatenstücken, Zwiebel, Knoblauchzehen, Paprika, Chili, Koriander, Petersilie und Oregano zu einer dicken Sauce mixen.

Öl in einem Topf erhitzen und die Hähnchenteile anbraten.

Die gemixte Mischung hinzufügen, zum Kochen bringen und etwa eine Stunde köcheln lassen, bis das Hühnerfleisch zart ist.

Wenn die Soße dann noch nicht eingedickt ist, das Fleisch herausnehmen und die Soße bei mittlerer Hitze weitere 10-15 Minuten einkochen.

Die Sauce abschmecken, die Hähnchenteile wieder hineinlegen und den gehackten Koriander und die Petersilie hinzufügen.

Du kannst das Seco de Pollo, wie hier bei mir, mit gelbem Reis, Avocado und Salat essen.

In Ecuador serviert man gerne eine reife gebratene Kochbanane dazu, die die kreolische Geschmacksmischung von herzhaft und fruchtig-süss unterstreicht. Ich mache das auch sehr gerne.

Kartoffeln und Yuca/Maniok sind ebenfalls passende Beilagen.

20 Schamanischer Kraftort Cascadas de Peguche – Wasserfall Peguche

Ecuador ist voller intensiver Naturerlebnisse. Zum Beispiel die vielen Wasserfälle mit ihrer belebenden Wirkung auf Körper und Geist. Sie sind beliebte Ausflugsziele und, auch wenn der Weg zu ihnen unter Umständen abenteuerlich sein kann, lohnt sich die Anstrengung! Wasserfälle haben etwas sehr Anziehendes, hier offenbart sich die Schönheit der Natur. In ihrer Nähe kannst du die Leben spendende Wirkung des Wassers erleben, die deine Energie-Reservoirs wieder auflädt.

Bei dem kleinen Weberdorf Peguche außerhalb von Otavalo befindet sich der gleichnamige Wasserfall, den wir nun besuchen, und der sowohl Einheimische als auch Touristen anzieht.

Bevor wir jedoch den Wasserfall sehen, werden wir unverhofft mit sehr harten geschichtlichen Ereignissen konfrontiert, die sich an diesem Ort abspielten. Vom Parkplatz aus gelangen wir zunächst an eine Umfriedung, die, ähnlich einer alten Stadtmauer, das Areal umschließt. An dieser Mauer befindet sich ein Hinweis auf die Ausbeutung der Ureinwohner zur Zeit der spanischen Kolonialherrschaft, der uns unweigerlich mit der Schattenseite dieses eindrucksvollen Kraftortes in Kontakt bringt.

Das Schild in spanischer Sprache lautet: „Usted está mirando el obraje de 1613, donde trabajaron cientos de indigenas esclavos hombres, mujeres y niños“, zu Deutsch: „Sie sehen die Manufaktur von 1613, in der hunderte indigener Männer, Frauen und Kinder als Sklaven arbeiteten“ (Übersetzung der Verfasserin). Es bezieht sich auf die dort von den spanischen Kolonialherren errichtete Fabrik zur Herstellung von Stoffen. Sowohl für das Weben der Baumwolle, als auch für den Färbeprozess war die Lage am Fluss ideal. Indigene Frauen, Männer, Kinder und sogar alte Menschen aus den umliegenden Dörfern mussten dort arbeiten. Sie verließen um 4 Uhr im Morgengrauen ihr Heim und kehrten nicht vor 22 Uhr zurück. Dafür erhielten sie alle 6 Monate einen Lohn, von dem die Steuerabgaben abgezogen wurden. Letztendlich verschuldeten sie sich immer mehr anstatt dazu zu verdienen. Die Stoffe wurden von Peguche aus in die angrenzenden Länder und auch nach Europa exportiert. 1777 brannte die Fabrik nach einem Aufstand der Arbeitnehmenden ab, wurde aber wiedererrichtet. Nach dem großen Erdbeben von 1868 wurde die Fertigung in den Süden von Quito verlegt.

Der Zugang zum Park mit dem Wasserfall erfolgt durch ein großes Portal in dieser Mauer. Dahinter befindet sich eine Plaza mit Läden und Ständen, die Kunsthandwerk, Getränke und Essen anbieten.

Hinter der Plaza befindet sich ein besonderer, kreisrund ummauerter Platz, mit gleichmäßig auf dem Boden verteilten Steinen. Dies ist ein Inty Watana, auch Intiwatana oder Intihuatana geschrieben, ein Sonnenkalender aus der Zeit der Inkas und ein Altar.

Inti ist die Sonne, und watana (huatana) bedeutet festmachen, anbinden. Dort fixierte man die Sonne, und am 21. Juni jeden Jahres, zur Sonnenwende, steht die Sonne kerzengerade über dieser Stelle. Im Parque Itchimbia in Quito haben wir bereits einen Intihuatana gesehen. Dieser hier ist anders, es handelt sich um eine komplexere Konstruktion. Zum einen erfüllt sie die Funktion der Zeitmessung und zum anderen die der Verstärkung, denn die Stimme der Person, die sich auf einen gekennzeichneten Ort genau in der Mitte des Kreises stellt, erschallt ganz laut innerhalb des Areals, so als ob man sich eines Mikrofons bedienen würde.

Wir spazieren weiter, hinein in das unter Naturschutz stehende Grün. Der Kopfsteinpflasterweg schlängelt sich durch den nach Eukalyptus duftenden Wald. Kleine Pfade führen rechts durch üppige Pflanzen hinab zum Fluss. Du hörst ein Rauschen, erst leise und zart, dann wird es lauter, bis du zur Brücke gelangt, die den Fluss überquert – nun stehst du dem Wasserfall genau gegenüber. Tosend fallen die Wassermassen und du spürst die prickelnde Feuchtigkeit der Tröpfchen auf deiner Haut. Ein wunderbares Naturerlebnis!

Bereits der Sonnenkalender Intihuatana zeugt davon, dass dieser Ort für die Menschen, die dort leben, ein heiliger Ort war und ist. Der Anblick des Wasserfalls bestätigt diese Einschätzung. Tatsächlich versammeln sich hier alljährlich die Schamanen der Umgebung und nehmen ein rituelles Bad.

Du kannst es ihnen gleichtun. Der Zugang zum Wasserfall ist offen. Vielleicht reicht dir der Anblick der fallenden Wassermassen und der Tröpfchennebel, der dich umhüllt und sich zart auf deine Haut legt. Vielleicht ruft dich auch die intensive Energie des Wassers, dich ihm mehr zu nähern. Dort, wo die Wasser herabfallen, hat sich ein größeres Becken gebildet, in das du dich nur mit den Füßen oder ganz, in Badebekleidung, begeben kannst. Viele nutzen diese Möglichkeit, denn wenn du dort ein Bad nimmst, wirst du wahrnehmen, welche Wirkung dieses klare Wasser hat. Der Wasserfall von Peguche hat eine nicht nur äußerlich, sondern auch innerlich stark reinigende und energetisierende Wirkung.

Daher nehmen die Schamanen hier regelmäßig ihre rituellen Bäder.

Du befindest dich hier an einem Kraftort, an einem Platz in der Natur mit einer ganz besonderen Schwingung. Öffne dich mit deinem Bewusstsein für das Jetzt, für diesen Moment.

Sei mit all deinen Sinnen präsent und nimm einfach wahr, was ist: Lausche auf das Grollen und Tosen der Wassermassen, spüre die kühle Nässe auf deiner Haut, sehe die Erdtöne der Vegetation, der Steine und des Wassers. Betrete das Wasserbecken sehr bewusst und lass dich bei jedem deiner Schritte von deiner Intuition leiten. Öffne dich innerlich für die Transformation, zu der du an diesen Ort geführt wurdest. Spüre achtsam, welche Impulse du aus deinem Innern erhältst, und folge ihnen langsam und bewusst. Verbinde dich über die Sinne deines Körpers und deine anderen Sinne, wie zum Beispiel die Intuition, mit diesem Ort. Erlebe ganz tief, wie das kühle Nass deinen Körper umspült, während dein Blick die umgebende Landschaft aufnimmt. Lass die Kraft des fallenden Wassers alles in und an dir hinweg spülen, was dir nicht dienlich ist. Gleichzeitig wird jede deiner Zellen mit neuer Energie aufgeladen. Du wirst dich nach diesem Bad leichter, klarer und freudiger fühlen.

Wenn du ganz präsent bist und dich Schritt für Schritt von deiner Intuition leiten lässt, wird dein Aufenthalt dort zu einem tiefen Erlebnis, das du bewusst abspeichern kannst, um es jederzeit wieder aus deiner Erinnerung abzurufen. Du bist machtvoll und kannst dir dieses Erleben jederzeit wieder kreieren. Auch wenn du längst nicht mehr in Ecuador weilst, kannst du diesen Ort in deinem Fühlen und deiner Vorstellungskraft immer wieder besuchen. Du hast nun einen weiteren inneren Kraftort, zu dem du jederzeit zurückkehren kannst. Ein Ort, an dem du dich entspannen, Energie tanken und Inspiration holen kannst.

21 Streifzug durch die Sierra Norte, das nördliche Andenhochland

Cotacachi

Von Otavalo aus gibt es neben einem Besuch des Wasserfalls von Peguche viele andere Ziele, die du, je nach Zeit und Interesse, erkunden kannst. Einige möchte ich hier skizzenhaft vorstellen. Sie zeigen die Vielfalt und Einfachheit des Lebens in der Bergwelt, stets verbunden mit der eigenen (Dorf-) Gemeinschaft und der Erde, der Pacha Mama.

Vielleicht möchtest du nach dem Besuch des großen Marktes in Otavalo weiter einkaufen – dann ist Cotacachi, die bereits genannte Lederstadt, ein gutes Ziel. Sie liegt zu Füßen des gleichnamigen Vulkans Cotacachi, auch Mama Cotacachi genannt – du erinnerst dich: die Geliebte des Vulkans Imbabura. Nach nur 12 km gelangen wir in diese kleine, ebenfalls sehr saubere und ordentliche Stadt. Die Hauptstraße ist gesäumt von Geschäften mit Lederwaren: Du kannst in Schuhen, Taschen, Jacken, Hosen, Gürteln, sogar Sätteln und Zaumzeug stöbern – alles aus wunderbarem Leder und zu guten Preisen erhältlich. Apropos Preise: Es ist durchaus üblich in Ecuador, Preise zu verhandeln. Allerdings musst du damit rechnen, dass man Ausländern von vornherein einen höheren Preis nennt.

Cuicocha

Nach einem Bummel und weiteren Einkäufen machen wir von Cotacachi aus einen Abstecher in Richtung Westen zum knapp 18 km entfernten See Cuicocha. In der Lagune, einem eingebrochenen Krater, liegen zwei Inseln, die dem Rücken von zwei Meerschweinchen ähneln. Daher der Kichwa-Name „Cuicocha“ - „Meerschweinchen-See".

Normalerweise ist der See sehr still und düster. Nicht so an diesem Tag, denn dort findet ein Wettschwimmen statt. Das Wasser ist eiskalt, wie bei all diesen Kraterseen, und auch die Lufttemperatur ist recht frisch. Schon eine Fahrt mit dem Boot über den See ist eine Herausforderung, die eigentlich nur in Winterbekleidung zu meistern ist. Dennoch gibt es wagemutige Menschen, die eine Strecke in diesem eisigen Wasser schwimmen. Bei ihrer Ankunft am Ziel werden sie mit Handtüchern, Wolldecken und heißem Tee empfangen und von allen Anwesenden, überwiegend Angehörige der Schwimmer:innen sowie Anwohner:innen, bejubelt und beglückwünscht. Die fröhliche Stimmung heitert den dunklen

See und den inzwischen von grauen Wolken tief verhangenen Himmel auf. Eingehüllt in dicke Ponchos und Schals schauen wir vom Kraterrand dem Sportspektakel eine Weile zu. Die Sonne im Andenhochland ist intensiv und sehr wärmend. Sobald sie jedoch verschwindet, wird es kühl. Nicht nur nachts, sondern auch tagsüber, wenn die Wolken die Herrschaft über den Himmel übernehmen.

Im Restaurant oberhalb des Sees finden wir Schutz und Wärme, da es draußen zu kalt und regnerisch wird. Am Nebentisch tagt eine größere Gruppe von Vertreterinnen und Vertretern der umliegenden Dörfer. In einer Pause kommen wir mit ihnen ins Gespräch. Auf Nachfrage erklären sie uns ihre Dorfstruktur. Zuerst reden die Männer, und sie möchten das Gespräch auch gerne weiterführen, aber wir sind auch an den Erfahrungen der Frauen interessiert. Rasch kommen wir auf das Thema Ernährung, ein wichtiges Thema in den indigenen Dorfgemeinden. Eine ältere Vertreterin und eine sehr junge Frau erzählen, dass sie sich in einem großen Veränderungsprozess befinden. Ihr Volk sei in den vergangenen Jahrzehnten von der Welle „modernen Essens“ mit Fastfood und anderen Ernährungsweisen überrollt worden, erklären sie uns, und habe sich jahrzehntelang angepasst. Sie mussten feststellen, dass ihnen diese Ernährungsweise nicht bekam und ihrer Gesundheit nicht zuträglich war. Daher begannen sie, sich auf die seit jeher in der Region angebauten und verzehrten Nahrungsmittel rückzubesinnen und diese wieder anzubauen. Sie fragten die Alten nach überlieferten Zubereitungsweisen und kochen nun voller Stolz wieder die traditionellen Speisen. Diese kann man auch im Restaurant kosten: Locro de papa, also die eingangs vorgestellte Kartoffelsuppe, oder cuy asado, gebratenes Meerschweinchen.

Valle de Intag

Nach dem Aufenthalt am kühlen See sehnen wir uns nun nach etwas Wärme. Wir kehren zurück nach Cotacachi, der Lederstadt, und nehmen von dort aus eine gewundene kleine Landstraße in Richtung Norden, ins Intag-Tal, das Valle de Intag. Durch eine üppige, ständig wechselnde Landschaft schlängelt sich die Straße in engen Serpentinen steil hinunter ins Tal. Die Fahrt ist ein Erlebnis und begeistert alle Mitreisenden, denn in relativ kurzer Zeit passieren wir verschiedene Vegetationszonen. Die zurückgekehrte Sonne lässt die verschiedenen Schattierungen des Blattgrüns noch intensiver strahlen. Hier offenbart sich wieder die große Biodiversität Ecuadors, wo der Reisende auf begrenztem Raum Natur in großer Vielfalt erleben kann.

Unten im Intag-Tal erwartet uns ein anderes Klima, es ist warm und mild. Bäume mit tropischen Früchten säumen die Straße, wir sehen Bananenstauden und Kaffeeplantagen. Beim Besuch der Kooperative in Apuela besichtigen wir eine Kaffeemanufaktur und genießen direkt beim Erzeuger den köstlichen Intag-Kaffee. Neben Kaffeepaketen können hier auch Kunstwerke ortsansässiger Künstler erworben werden.

Die Bewohner des Intag-Tals sind bekannt dafür, dass sie für ihre Rechte protestieren. Seit mehr als 30 Jahren kämpfen sie für den Erhalt ihres Lebensraums, der von extensivem Bergbau gefährdet ist. Nicht zuletzt dadurch haben sie sich die Besonderheit und den Wert ihrer einzigartigen Natur wieder bewusst gemacht.

Auch hier fand eine Rückbesinnung auf überkommene Pflanzen, auch Heilpflanzen, und Anbaumethoden statt.

Im Tal lebt eine größere afro-ecuadorianische Minderheit, die aufgrund der Abgeschiedenheit des Tals und der Geschlossenheit ihrer Community zum Teil keinen Zugang zur staatlichen medizinischen Versorgung hat. Wir kommen mit einer kräftigen, bunt gekleideten, bereits ergrauten Afro-Frau ins Gespräch, die uns erklärt, wie sie als Medizinfrau das alte Wissen, das sie von ihrer Mutter und anderen alten Afro-Frauen gelernt hat, heute anwendet. So sei sie eine „autodidaktische" Hebamme, denn eine Ausbildung habe sie nie erhalten. Die Erfordernisse ihrer Afro-Community haben sie die Aufgabe der Hebamme übernehmen lassen. Für viele Gebärende sei der Weg vom Tal ins nächste Krankenhaus nach Cotacachi zu weit, weswegen sie die Frauen bei ihren Hausgeburten betreut.

Das Gespräch zeigt, dass das Valle de Intag wirklich ein Mikrokosmos ist, eine kleine abgeschiedene Welt, die ein Stück weit nach ihren eigenen Regeln funktioniert. Die Vergegenwärtigung des Wissens der Vorfahren spielt, wie wir bereits am See Cuicocha hörten, auch hier eine wichtige Rolle. Rückbesinnung auf das, was das, was nach alten und überkommenen Erfahrungswerten das Leben stärkt anstelle von allein vorwärts gerichtetem Fortschritt. Doch Fortschritt im Sinne von Weiterentwicklung kommt im Tal nicht zu kurz, denn hier wird viel an Möglichkeiten der Energiegewinnung auf Grundlage der natürlichen Ressourcen geforscht.

Wir beenden hier unseren Aufenthalt, doch wenn du länger Zeit hast, findest du im Valle de Intag ein gutes Angebot für Ecoturismo, also einen ländlichen und umweltverträglichen Tourismus, bei dem du diesen besonderen Lebensraum näher kennenlernen kannst. Dazu gehört natürlich auch der Besuch der

Nangulvi-Thermalquellen, ein einfaches Thermalbad im Tal und ein Ort für tiefe Entspannung.

Ibarra

San Antonio de Ibarra, noch etwas weiter nördlich, ist die Hauptstadt der Provinz Imbabura, durch die wir uns bewegen. Das Stadtzentrum besteht aus weiß gestrichenen Bauten, die aus der Kolonialzeit stammen. Daher wird Ibarra auch „la ciudad blanca“ – „die weiße Stadt“ genannt. Sie ist bekannt für wunderschöne und detailreiche Schnitzarbeiten: In den Kunsthandwerksläden der Innenstadt finden Interessierte viele schöne Produkte, von Schalen und Löffeln bis hin zu detailreich ausgestatteten Krippendarstellungen.

Chachimbiro

Wenn du noch einen Tag in der Sierra Norte verbringen möchtest, rate ich dir zu einem Besuch der Thermalquellen von Chachimbiro, nicht weit entfernt von Ibarra. Sie sind kleiner und einfacher als die von Papallacta und bieten aufgrund des warmen und trockenen Klimas ein anderes Badeerlebnis. Neben den heißen Becken wird dort auch eine Heilschlammbehandlung angeboten und es gibt eine kleine Sauna, die in den Felsen gehauen ist.

Du kannst dort auch übernachten und, ein unvergessliches Erlebnis, den Abend im warmen Wasser unter dem Sternenhimmel verbringen.

Es gibt viele Thermalbäder im Andenhochland, und sie werden gerne genutzt. Kein Wunder, denn die warmen heilenden

Wasser wirken gegen eine Vielzahl von Beschwerden und tragen zu einer tiefen körperlichen Entspannung bei. Davon können wir meiner Meinung nach nie genug haben. Denn der Zustand tiefer Entspannung ermöglicht es uns, neue und große Visionen für das eigene Leben zu entwerfen und sie umzusetzen. Indem wir uns zurückziehen aus dem Tun, dem Aktivismus, können wir wieder einen Blick für das große Ganze unseres Lebens erhalten.

Besuch einer Tola

Wir krönen unseren erlebnisreichen Streifzug durch die Sierra Norte, das nördliche Andenhochland, mit dem Besuch einer Tola. Eine Tola ist ein heiliger Ort der Ureinwohner, der als künstlicher Hügel angelegt ist. Er besteht aus einer Pyramiden-Basis, auf der eine Reihe von Pfosten einen Kreis formen. Bedeckt von einem Strohdach bilden sie eine offene Hütte, die mehr ein Unterstand ist. Neben den Tolas befinden sich oftmals Erdhügel, die zu Grabanlagen gehören. Sie stammen von Völkern, die in dieser Region vor der Eroberung durch die Inka lebten. Imbabura, die Provinz, in der wir uns befinden, ist voller Tolas. Da sie Orte mit einer ganz besonderen, intensiven Schwingung sind, möchten wir natürlich eine Tola aufsuchen.

Ein junger Mann, der seit seiner Kindheit vom kürzlich verstorbenen Medizinmann einer kleinen Siedlung bei der Ortschaft Quiroga, in den Falten des Vulkans Cotacachi, gelernt hat, führt uns zu einer nahe gelegenen Tola.

In den indigenen Dörfern des Andenhochlandes werden die Medizinleute "Yachak" genannt. Sie sind so etwas wie

Schamanen. Das Kichwa-Wort Yachak bezeichnet einen Weisen, der über „yachay“ verfügt, also besondere Kenntnisse und Wissen über Pflanzen, Energien und Rituale.

Für unseren jungen Guide ist ein Schamane nicht dasselbe wie ein Yachak. So erklärt er uns, dass ein Schamane sein Wissen von anderen Schamanen erlerne, die ihn ausbilden. Der Yachak hingegen sei jemand, der sich seit seiner Kindheit alles selbst beibringt, weil er diese Gabe besitze. Daher habe er ein äußerst breit gefächertes Wissen, das sich auf viele Aspekte des Lebens beziehe.

Die Tola, die wir besuchen, liegt versteckt in den Bergen im Wald. Es ist ein intensiv schwingender, stark energetischer Ort, wie wir bei unserer Ankunft sogleich spüren. Unter dem Strohdach und auch in der unmittelbaren Umgebung herrscht eine außergewöhnliche Stille, die uns sogleich in ihren Bann zieht. Kein Blatt raschelt im lichten Wald. Unsere muntere Unterhaltung versiegt, wir bleiben unvermittelt stehen und lassen die Atmosphäre des Ortes auf uns wirken. Unser Guide weist uns auf besondere Pflanzen hin, die im Umfeld der Tola gedeihen und die man sonst in der Gegend nicht findet. Wie zum Beispiel eine Eukalyptuspflanze, die exakt in der Mitte der Tola wächst.

Ganz intuitiv und weiterhin schweigend sucht sich jedes Mitglied unserer kleinen Gruppe den Ort, von dem es sich gerufen fühlt: Eine Person steht frei in der Mitte der Tola, ich lehne mich an einen der Trägerpfosten und eine andere umarmt inniglich einen nahestehenden Baum. Mit geschlossenen Augen verweilen wir in der intensiven Stille, die unsere Seele nährt. Wir tanken die intensive Energie der Pacha Mama, der Mutter Erde, an diesem besonderen Ort, der schon so viele Menschen und Völker durch die Zeitalter hindurch bereichert hat.

22 Rezept: Locro de melloco con chochos – Eintopf mit Mellocos

Mitten in der großartigen und zutiefst beeindruckenden Bergwelt der nördlichen Anden Ecuadors kannst du diesen typischen Eintopf aus regionalen, bei uns allerdings unbekannten Zutaten genießen.

Als ich sie zum ersten Mal sah, dachte ich, es seien kleine und seltsam verformte Kartoffeln. Dann erfuhr ich, dass es überhaupt keine Kartoffeln sind, sondern ein anderes Knollengewächs, das wir in Europa nicht kennen. Die Erdfrucht heißt Olluco – in Ecuador wird sie Melloco genannt - und wurde bereits in vorinkaischer Zeit in den Höhenlagen der Anden angebaut.

Von den drei Knollen, die neben der Kartoffel in den Anden angebaut werden (Oka, Mashua und Olluco) ist letztere die beliebteste. Sie wird vor allem auf dem Land, aber auch in den Städten von Ecuador, Peru und Bolivien verzehrt. Die etwa radieschengroßen Knollen werden auf vielerlei Weise zubereitet. In Ecuador werden sie gerne als Eintopf (locro de melloco con chochos) oder, ebenfalls gekocht, als Salat gegessen. Die Rezepte beider Gerichte lernte ich von Señora Susana, Meisterin in der Zubereitung traditioneller ecuadorianischer Gerichte.

Ich liebe Mellocos besonders als Eintopf. In diesem Gericht wird eine weitere, in unseren Breitengraden unbekannte Zutat verwendet, und zwar Chochos. Dies ist die Frucht der Anden-

Lupine, die in Hülsenfrüchten, ähnlich wie Erbsen, Samen hervorbringt. Chochos sind ein sehr nahrhaftes Pflanzenprotein.

Auch wenn die Beschaffung der Zutaten schwierig sein kann, lohnt es sich, diese wunderbar nahrhafte Suppe zu kosten. Ich stelle dir hier eine vegane Variante vor, die du auch vegetarisch abwandeln kannst.

Zutaten:

- 1 Päckchen Mellocos
- 2 Stiele der langen weißen Zwiebel, alternativ 1 Bund Lauchzwiebeln

- 1 Knoblauchzehe
- Etwas Öl
- 1 Teelöffel Erdnussbutter
- 1 halbes Päckchen Chochos
- Salz nach Geschmack
- 2 Korianderstängel

Zubereitung:
Die Mellocos gut waschen, Fäden entfernen und kochen. Nach 10 Minuten das Wasser wechseln und weich kochen. Die weiße Zwiebel und den Knoblauch in etwas Öl anbraten. Die Chochos mit etwas Wasser pürieren, zur gebratenen Zwiebel-Knoblauch-Mischung geben. Die Erdnusscreme und Salz nach Bedarf hinzufügen.

Die gekochten Mellocos und den fein gehackten Koriander dazu geben. Je nach Konsistenz noch etwas Wasser hinzufügen.

Für eine vegetarische Version kannst du auch Milch statt Wasser hinzufügen.

23 Auf dem Vulkan Cotopaxi

Die Besteigung eines Vulkans ist ein Erlebnis, und umso mehr, wenn es sich um einen schneebedeckten Vulkan handelt. Ganz unverhofft bot sich mir die Gelegenheit vor einigen Jahren. Ich war zu einem Arbeitsaufenthalt in Quito und hatte bei meiner Planung übersehen, dass ein langes Wochenende mit zwei Feiertagen genau in die Zeit meines Aufenthalts fiel.

Es war Karneval. Ich wusste damals noch nicht, dass die bei uns Rosenmontag und Karnevalsdienstag genannten Tage in ganz Ecuador Feiertage sind, die ausgelassen und fröhlich gefeiert werden. Vor allem die Kinder, aber auch Erwachsene, liefern sich Schlachten mit speziellem Karnevalsschaum, Mehl und Wasser, wobei auf diese kostbare Ressource inzwischen zum Teil auch verzichtet wird. In Quito und den Orten der nördlichen Sierra gibt es Umzüge, an denen Menschen in Clown-Kostümen und traditionellen Teufelsverkleidungen – du erinnerst dich an den Diablo Huma - und mit Trommel- und Volkstanzgruppen teilnehmen. Besonders bekannt ist der Karnevalsumzug von Amaguaña, einer ländlichen Gemeinde im Südwesten von Quito, der jedes Jahr zehntausende Besucher anzieht. Auch hier gilt: Wer dort hingeht, muss darauf vorbereitet sein, mit Schaum bespritzt zu werden!

Danach stand mir an diesem Tag nicht der Sinn, auch wenn ich als gebürtige Kölnerin eigentlich ein großer Karnevals-Jeck bin. Etwas unternehmen wollte ich jedoch. Ich hatte keine Lust, in der Stadt zu bleiben, sondern sehnte mich nach Natur, Bewegung und Abenteuer.

Dann bot sich mir die Möglichkeit, mich einer kleinen venezolanischen Reisegruppe anzuschließen, die eine Tour zum Cotopaxi organisiert hatte. Sie wollten bis zur Gletschergrenze hochsteigen, wofür festes Schuhwerk und warme Kleidung ausreichend seien.

Den Cotopaxi besteigen - ich war sofort hellauf begeistert! Dieser Vulkan, den man von so vielen Stellen in Quito aus sehen konnte. Bei klarem Wetter leuchtet seine schneebedeckte Kuppe weithin. Kein Wunder, denn mit seiner Höhe von 5.897 m ist er der zweitgrößte Berg Ecuadors. Die indigenen Ureinwohner nennen ihn „Thron des Mondes". Er ist ein aktiver Vulkan, wenn auch zu dem Zeitpunkt einigermaßen ruhig. Und er ist Teil der Avenida de los Volcanes, der Allee der Vulkane. Ja, da war ich natürlich dabei!

Am nächsten Morgen fuhren wir pünktlich um 7 Uhr los. Nachdem wir den verkehrsreichen Süden von Quito durchquert hatten befanden wir uns auf der Panamericana, dem Straßennetz, das mit einer Länge von fast 18.000 km den gesamten amerikanischen Kontinent durchzieht, von Alaska im Norden bis Chile im Süden. Ich bin schon viele Teilstücke in unterschiedlichen Ländern auf der Panamericana gefahren, und obwohl sie keineswegs überall eine gut ausgebaute Autobahn ist, vermittelt sie mir jedes Mal das Gefühl von „on the road" zu sein, von Abenteuer und Freiheit. Ich öffnete das Fenster des Kleinbusses, indem ich die Scheibe leicht zur Seite schob, und ließ mir die Luft von Abenteuer um die Nase wehen. „Ich werde den Cotopaxi besteigen", jubelte es in mir. Ich war einfach nur glücklich!

Die dichte Bebauung der Hauptstadt ließ nach, und kleine Ortschaften reihten sich aneinander. Machachi, Aloasi... Vom Rand der Panamericana aus betrachtet wirken diese Orte nicht attraktiv, aber sie verfügen über sehenswerte koloniale Ortszentren, die ich von anderen Besuchen kannte.

Hier befanden wir uns bereits im zentralen Andenhochland, einem weiteren Teilstück dieses langen Gebirges. Auf dem Weg zum Cotopaxi Nationalpark erzählte der Tour-Guide Gerardo von den Ausbrüchen des Vulkans, bei denen die Umgebung, vor allem die etwas weiter südlich liegende Stadt Latacunga, mehrfach zerstört wurde. Und dennoch haben die Einwohner sie immer wieder aufgebaut und leben weiterhin dort.

In diesem Land, das gespickt ist mit aktiven Vulkanen und in dem die Erde oft bebt, leben die Menschen mit diesen Naturgewalten. Diese und andere Eigenheiten der Bewohner Ecuadors stellte der bereits erwähnte deutsche Naturforscher Alexander von Humboldt vor knapp 200 Jahren fest: „Die Ecuadorianer sind seltsame und einmalige Wesen: sie schlafen ganz ruhig mitten unter knisternden Vulkanen, sie leben arm inmitten von unermesslichen Reichtümern und sie freuen sich über traurige Musik". Die Charakterisierung ist durchaus zutreffend, allein die Musik Ecuadors empfinde ich nicht als traurig.

Wir hielten an einem Restaurant, um uns mit einem guten Frühstück für den Aufstieg zu stärken. Unter anderem wurde uns auch Coca-Tee gereicht. Die Blätter der Coca-Pflanze werden von den Bewohnern der Höhenlagen der Anden entweder direkt gekaut oder auch als Tee zubereitet. Sie haben eine ähnlich anregende Wirkung wie Kaffee. Zudem hilft Coca - wie vorher bereits erwähnt - gegen Beschwerden aufgrund der Höhe, wie auch Schwindel, Kopfschmerzen und Mattheit. Gestärkt fuhren wir weiter in Richtung Cotopaxi.

Auf der letzten Wegstrecke sollten wir schluckweise Wasser trinken, um uns so auf die Höhe vorzubereiten. Quito, die Hauptstadt von Ecuador, liegt schon auf knapp 3.000 m, aber nun ging es nochmal viel höher!

Die Einwohner der kleinen Dörfchen, durch die wir fuhren, wollten uns Wasser, Coca-Bonbons und Mützen verkaufen. Die venezolanischen Damen baten mich um meine deutsche Expertise, um sich mit Mütze, Schal und Handschuhen einzukleiden. Ich riet zu Produkten aus Alpakawolle - eine gute Entscheidung, wie sich herausstellen sollte.

Wir erreichten den Nationalpark und fuhren durch das Hochtal zu Füßen des Cotopaxi. Herden von Wildpferden rannten in der weiten Ebene umher und vermittelten das Gefühl von grenzenloser Freiheit.

Die Schotterstraße stieg dann steil an, und Windung um Windung erklomm unser Kleinbus einen Teil des Vulkans. Wir hielten auf einem Parkplatz auf 4.600 m Höhe.

4.600 m hoch – bereits beim Aussteigen aus dem Bus hatte ich ein anderes Körpergefühl. Etwas wackelig stand ich auf meinen Beinen. Außerdem war es nebelig und kalt. Ich zog mir die Kapuze meines Fleece-Pullovers über den Kopf. Kälte kroch an meinen Beinen empor. In der Nacht zuvor hatte es geschneit. Wegen des Feiertags war der Parkplatz bereits gut gefüllt, und die Einheimischen freuten sich an dem Schnee, der auf dem Parkplatz lag. Für sie ist Schnee etwas Außergewöhnliches.

Unsere Gruppe schlug einen in Serpentinen verlaufenden Weg ein. Die Gespräche verstummten rasch, als wir feststellten, dass das Laufen, die körperliche Anstrengung in dieser Höhe, alle verfügbare Luft benötigte. Ich konnte gar nicht so schnell atmen, wie mein Körper nach Sauerstoff schrie. Mein Herz schlug laut und hart.

Es schien ewig zu dauern, bis wir die Schutzhütte erreichten. 4.864 m. Das war schon eine beachtliche Leistung. Auch dort war es neblig und kalt. Einige gaben hier auf und stiegen wieder ab. Wir anderen wanderten mit Gerardo weiter. Das große Ziel: Die 5.000 m-Marke erreichen. Ich wollte es so gerne! Aber gerade bei diesem letzten Stück, das teilweise steil bergauf ging, war ich mir nicht mehr sicher, ob ich es schaffen würde. Ständig rutschte ich im Schneematsch auf dem Lava-Schotter, mein Herz pochte noch lauter – so als wolle es zerspringen – und mein Atem keuchte.

Weiter, weiter, Schritt für Schritt, Stück für Stück. Immer wieder anhalten und zu Atem kommen. Dann wieder weiter.

Schließlich war ich die erste, die an der 5.000 m-Marke ankam. Dort begann der Gletscher, das ewige Eis. Eine meterdicke Eisschicht legte sich ab jenem Punkt über die Erde. Eine unglaubliche Höhe, höher als der Mont Blanc. Ich war stolz, froh, glücklich. Ich stand auf dem „Thron des Mondes“! Dieser Aufstieg war so hart für mich. Intensiv spürte ich meine körperlichen Grenzen. Aber es hatte sich gelohnt, ich war voller Freude über das, was ich geschafft hatte, obwohl ich nicht trainiert war. Es hatte mir sogar gut getan, mich auszupowern. Mein Körper genoss dieses Gefühl.

Herrlich war es in dieser Schnee- und Eiswelt, die so ganz anders ist als die, die ich kenne. Sogar die Sonne zeigte sich kurz, und die dicken Wolkenschichten lichteten sich etwas. Eine Weile konnte ich die spektakuläre Sicht genießen, bis sich die Wolken wieder verdichteten.

Ein Stück weiter öffnete sich eine kleine Höhle im Gletscher. Ich erkundete sie, machte Fotos. Inzwischen erreichten auch die venezolanischen Damen den Gletscherrand. Weiter unten wollten sie aufgeben, nun waren sie glücklich, dass sie durchgehalten hatten.

Danach begann der Abstieg. Zunächst über die noch schneebedeckten Hänge bis zur Schutzhütte, von wor aus wir den direkten, geraden Abstieg nahmen. Der Boden war bedeckt mit krümeliger schwarzer Lava. Zweimal rutschte ich aus und fiel. Ich war froh, als ich wieder am Parkplatz ankam.

Gerardo schlug vor, dass wir mit dem Fahrrad zur Lagune Limpiopungo radeln – immer abwärts, 700 Höhenmeter hinab. Ein himmlisches Gefühl – der totale Geschwindigkeitsrausch, bergab, über solch eine lange Strecke.

Auf dem letzten Stück jedoch, bereits in der Ebene, dem Hochtal angekommen – immer noch auf 3.800 m! – musste ich in die Pedale treten. Ab da an wurde es beschwerlich. Als ich an der Lagune ankam, war ich äußerst froh und gab erleichtert das Rad wieder ab. Ich ließ mich auf eine Bank sinken und betrachtete die ruhige, fast schwarze Oberfläche der Gletscherlagune, in der sich die umliegenden Berge, vor allem der Cotopaxi, spiegelte.

Völlig geschafft und gleichzeitig euphorisch stieg ich auf Beinen, die mich kaum noch trugen, in den Bus. Was für ein wunderbares Erlebnis! Was für eine Energie!

Selbst in der Erinnerung bleibt es ein magischer Moment für mich. Und dazu ein einzigartiger, den ich niemals mehr in dieser Form wiederholen kann. Denn ein gutes Jahr später, 2015, wurde der Cotopaxi wieder aktiv. Er erwärmte sich und spuckte Asche, so dass das Gletschereis und der Schnee schmolzen. Es kam zu keinem Vulkanausbruch, aber der Berg und vor allem die Kuppe sehen nun völlig anders aus.

24 Ein magischer Ort: Die Lagune Quilotoa

Unterwegs auf der Avenida de los Volcanes, der Allee der Vulkane, reihen sich Vulkane aneinander. Wie auf einer Perlenkette reiht sich auch ein großartiges Erlebnis an das nächste. Diese Tour empfinde ich als Grenzen erweiternd oder sogar Grenzen sprengend. Einerseits körperlich, denn unweigerlich komme ich in Situationen, in denen ich meine körperlichen Grenzen spüre und sie ausweiten darf. Vor allem jedoch darf ich in dieser imposanten Natur Erfahrungen machen, die die beschränkten Grenzen meines Denkens und Fühlens sprengen, indem sie mich über den Kontakt mit den Kräften der Natur mit meiner ureigenen Tiefe, Kraft und Wahrheit verbinden.

Nun besuchen wir einen der magischsten Orte Ecuadors, der sicherlich Grenzen sprengt: Die Lagune Quilotoa. Im Krater eines aktiven Vulkans gelegen, zieht ihr smaragdgrünes Wasser Touristen und Einheimische an. Der Quilotoa ist der westlichste Vulkan in den ecuadorianischen Anden. 178 km von Quito entfernt – Fahrzeit ca. 3-4 Stunden – kann er bei einem Tagesausflug oder im Anschluss an einen Besuch des Vulkans Cotopaxi besucht werden.

Von unserem letzten Ziel, dem Cotopaxi Nationalpark, gelangst du nach ca. zwei Stunden Fahrzeit in Richtung Süden zur Lagune Quilotoa. Wenn du nur durch den Cotopaxi-Nationalpark fährst und weder den Vulkan besteigst noch zur Lagune Quilotoa hinabsteigst, kannst du sogar die beiden spektakulären Orte an einem Tag besuchen und einen Eindruck von ihnen gewinnen. Schöner ist es natürlich, wenn du dir ausreichend Zeit nehmen kannst, diese Kraftorte intensiv zu erleben.

Bei Latacunga, der bereits erwähnten Stadt, die schon mehrfach aus Vulkanasche und Lava auferstanden ist, biegst du auf eine Landstraße ab, die vorbei an bestellten Feldern und durch kleine Dörfchen führt. Vielleicht kommst du durch ein Dorf, in dem gerade das Dorffest stattfindet. Dann wird auf dem Platz vor der Kirche musiziert und getanzt und auch getrunken. Alkohol ist ein wesentlicher Bestandteil andiner Feste. Daher solltest du den Ort und die feiernden Menschenmengen sehr langsam passieren.

Ein leichter Druck im Kopf zeigt dir an, wenn du auf der Landstraße Höhenlagen von 4.000 m und mehr erreichst, was mehrfach geschieht. Die Fahrt durch die Anden-Landschaft ist spektakulär. Mit jedem Meter verändert sich die Umgebung, denn je nach Lichteinfall schimmern die Berge grün, grau, braun oder schwarz.

Wenn du in dem Dorf Quilotoa angekommen bist und dich von den Wegweisern zur Lagune leiten lässt – ganz egal, ob du auf die Aussichtsplattform gehst oder durch den engen Durchgang direkt an den Lagunen-Rand – dann wird dir der Atem stocken: Plötzlich, völlig unerwartet, breitet sich dieser große Krater mit der faszinierenden grünen Lagune vor dir aus. Es ist, als ob du ein Portal durchschreitest und eine andere, eine mythische Welt betrittst. Der Anziehungskraft dieses magischen Ortes kann sich kaum jemand entziehen.

Die Caldera, also der durch einen Vulkanausbruch entstandene Kessel, in dem sich die Lagune befindet, hat einen Durchmesser von fast 9 km. Geologische Untersuchungen ergaben, dass sie durch den Einsturz des Vulkans im Anschluss an seinen Ausbruch vor etwa 800 Jahren entstand. Die steilen und schroffen Kraterwände fallen 400 m hinab zum See.

Das wirklich Magische an dieser Lagune sind ihre Farben, schillernd zwischen türkisblau und intensivem Grün. Sie scheinen sich in einem ewigen Tanz mit den Elementen zu befinden, denn das Wasser ändert seine Farbe, je nachdem, wie sich Sonne und Wolken zeigen und bewegen. Das beeinflusst auch die Stimmung des Ortes und macht ihn für mich zu einem besonderen Platz, den ich immer wieder gerne besuche, um mich von seiner Vielseitigkeit berühren zu lassen.

Die intensive smaragdgrüne Farbe des Wassers ist auf die vielen Mineralien, insbesondere auf Schwefel und Eisen, zurückzuführen. Wegen dieser Wassereigenschaften ist Schwimmen nicht erlaubt, und auf keinen Fall solltest du das Wasser trinken.

Die Lagune von Quilotoa soll etwa 250 Meter tief sein. Auch wenn es sich um einen noch aktiven Vulkan handelt, besteht seine einzige Aktivität aus gelegentlichen Fumarolen. Eine Fumarole ist eine vulkanische Dampfaustritts-Stelle im Bereich eines Vulkans, wobei Wasserdampf und vulkanische Gase ausgestoßen werden (lt. Wikipedia). Das bedeutet, dass man am Quilotoa gelegentlich Schwefelblasen sehen und hören kann, die aus der Tiefe aufsteigen. Dieses Blubbern aus der Tiefe der Erde finde ich faszinierend.

Den Besuch in der Lagune solltest du gut vorbereiten,da es dort immer kühl, oft windig und auch regnerisch ist. Ich habe dort schon die unterschiedlichsten Wetterlagen erlebt. Achte auf gutes Schuhwerk, vor allem, wenn du zur Lagune hinabsteigen oder den Rundgang oben auf dem Kratergrat wandern willst. Im Hochgebirge ändert sich die Witterung oftmals sehr schnell. Warme Kleidung, Regenschutz und Wechselkleidung sollten daher Teil der Ausstattung sein.

Quilotoa liegt fast 4.000 Meter über dem Meeresspiegel. Du solltest körperliche Aktivität nur in Betracht ziehen, wenn du dich vorher bereits an die Höhe gewöhnt hast.

Der Abstieg zum See lohnt auf jeden Fall. Auf einem schmalen Geröllweg mit Serpentinen geht es steil hinab. An jeder Windung sieht der See und die ihn umgebende Landschaft anders aus und lädt immer wieder zum Verweilen und Betrachten ein.

Der Abstieg dauert, je nach Länge der Pausen, ca. 30 Minuten. Unten angekommen, lockt der undurchdringlich tiefgrüne See. Auch wenn es inzwischen die Möglichkeit gibt, den See mit Motorbooten zu befahren, ist es dort überwiegend ruhig. Fernab der Boote ist es sogar sehr still am Uferrand – eine ganz besondere, tiefe Stille hüllt alles ein. Es ist diese Art von Stille, die wir nur noch sehr selten erleben. Es gibt sogar Menschen, die sie noch nie gespürt haben, weil ihr Umfeld voller Geräusche ist. Sie leben in der Stadt und selbst wenn es mal ruhig ist, schalten sie rasch das Radio an oder hören Musik, Hörbücher oder Podcasts. Sie fürchten die Stille, weil sich dann ihre schweren

Erinnerungen, nicht verarbeitete Erlebnisse oder hässliche innere Stimmen zu Wort melden. Daher lenken sie sich schnell ab. Sie haben nie gelernt, wie sie diese Dinge für sich und zu ihrem Besten wandeln können. Sie brauchen die permanente Geräuschkulisse als Ablenkung. Auf keinen Fall wollen sie nach innen lauschen. Andere wiederum suchen die Stille, aber ihre Gedanken sind laut und tragen sie rasch weg.

Selbst wenn du an Stille gewöhnt bist und sie suchst und liebst, wirst du festgestellt haben, dass es nur noch wenige Orte gibt, die von sich aus so ruhig sind, dass du dort nichts, wirklich gar nichts hörst. Dies hier ist solch ein Ort. Aber auch hier gilt: Um diese besondere und intensive Stille hier wahrzunehmen, musst du dir ihrer auch bewusstwerden. Das gelingt, indem du nicht ins Motorboot steigst, sondern inne hältst, verweilst, betrachtest und lauschst. Mit einem offenen Geist, frei von Feststellungen, Vergleichen und Bewertungen. Offen für Neues. Wenn du durch Gedankenkreise, Erinnerungen, eine kritische innere Stimme abgelenkt wirst, lass die Störung ruhig und entspannt weitergehen. Geh nicht gedanklich hinein, folge ihr nicht und analysiere sie schon gar nicht. Sag dir einfach: "Dafür stehe ich jetzt nicht zur Verfügung" und kehre zu dir zurück. Nimm dein Gehör zuhilfe und lausche intensiv. Stille besitzt eine besondere energetische Schwingung, die du hier wahrnehmen kannst.

An diesem faszinierenden Ort, der wie von einer anderen Welt zu sein scheint, kannst du am Ufer entlang spazieren oder am Lagunen-Rand sitzen und die einzigartige Natur auf dich wirken lassen. So kommst du in Kontakt mit den so nahen vulkanischen Kräften und stellst darüber eine ganz besondere Verbindung zu Mutter Erde, der Pacha Mama her.

Erfahrungsgemäß hält sich der Wanderer hier unten nicht sehr lange auf, da der Aufstieg wartet. Wem der steile Rückweg zu anstrengend ist, der kann auf einem Maulesel hoch reiten. Ich habe den Ritt nach oben noch nie genutzt. Von Freunden habe ich Unterschiedliches gehört. Manche fanden es abenteuerlich und waren sehr dankbar für die Erleichterung. Anderen wiederum ist schwindlig geworden, hoch auf dem Maultier am steilen Hang.

Ich erinnere mich noch gut an einen Aufstieg bei strömendem Regen. Kurzatmig wegen der Höhe (und ich war gut akklimatisiert!) konnte ich immer nur ein paar Schritte gehen, um wieder anzuhalten und die Atmung zu beruhigen. Wandern in dieser Höhe ist für mich, obwohl ich gut angepasst bin und auch anderen Sport betreibe, definitiv immer eine Grenzerfahrung. Und auch hier hat sich wieder jeder Schritt für diese wunderbare Erfahrung gelohnt.

25 Quilotoa-Transformations-Meditation

Du kannst den Abstieg zur Lagune und den Rückweg als eine meditative Wanderung gestalten. Du kannst dir zu einem Thema, das dich gerade beschäftigt, eine Intention setzen. Die Beschaffenheit dieses Ortes lädt ein, dich wirklich in die Tiefe zu begeben – in die Tiefe deines Unterbewusstseins oder in verschlossene Seelenräume.

Öffne dich mit jedem Schritt für das, was du vielleicht tief in deinem Innern verschlossen hast. Lass mit jedem Schritt die Blockade los, die dich vielleicht ausbremst. Lenke mit jedem Schritt deinen Fokus darauf, wie du es haben willst. Frage dich, dein Unterbewusstsein: Wie kann es leicht sein?

Verweile am Rand des Sees, und stelle eine Verbindung her zu dem, was dich beschäftigt. Setz dich nicht unter Druck, fordere nichts. Öffne nur den Raum und lade neue Sichtweisen, Lösungen und Entscheidungen ein in dein Leben, in diesen Moment, in dein Bewusstsein.

Lass zu, dass sich Neues zeigen kann. Dass es aus den undurchdringlichen Tiefen des Sees auftaucht, der sinnbildlich für dein Unterbewusstsein, für deinen Seelenraum steht.

Wirf das Schwere und Belastende tief hinein in den See. Trenne dich von dem ganzen alten Ballast, der dich auch emotional an dein Thema gekettet hat.

Die körperliche Anstrengung des steilen Rückwegs hilft dir dabei, deine neuen Erkenntnisse zu wiederholen, zu assimilieren und sie in all deinen Zellen bewusst zu spüren und zu integrieren. Spüre genau hinein: Dein Denken, Fühlen und Gehen wird leichter werden.

Oben angekommen wendest du dich nochmal der Lagune unter dir zu und bedankst dich für diese Transformation, bei der sie dich unterstützt hat.

Danke der Natur, deinem Körper und deiner Seele, die dich hierher geführt haben, damit du Transformation und Heilung erfährt.

26 Rezept: Empanadas – die schnelle Stärkung

Wanderungen im Hochgebirge machen definitiv hungrig! Das wissen auch geschäftstüchtige Dorfbewohnerinnen, die direkt am Parkplatz gegrilltes Meerschweinchen und canelazo, das alkoholische Heißgetränk, anbieten.

Doch wir haben eine andere Idee, um uns zu stärken und fahren zurück nach Quito. Auf dem Weg, bereits im Süden der Stadt, machen wir Halt an einem kleinen Restaurant neben einer Tankstelle, direkt an der Straße. Kein Ort, der mir aufgefallen wäre. Aber meine Begleiterinnen wissen genau, warum sie hier eine Rast einlegen wollen. Der Kichwa-Name des Restaurants lautet Ukllana, was „umarmen" bedeutet. Die Bauweise ist spektakulär – hinter dem schmalen Eingang öffnet sich ein großer, lichterfüllter Gastraum mit bunten modernen Möbeln, einfachen Holztischen und einem Kamin, der zur fortgeschrittenen Stunde angenehme Wärme spendet. Eine riesige Fensterfront gibt den Blick frei auf üppig grüne Täler und Berge, bedeckt von der artenreichen Vegetation des Bosque Andino, des Andenwaldes.

Während wir Empanadas mit einer Tasse köstlichen Hochland-Kaffees zu uns nehmen, verlieren sich unsere Blicke in der grünen Weite. Ich hatte keine Gelegenheit, den Besitzer zu fragen, warum er seinem Restaurant diesen Namen gegeben hat – ist es vielleicht, weil die Gäste sich an diesem Ort von der üppigen Natur umarmt fühlen? Oder hängt es mit den Empanadas zusammen, bei denen der Teig die Füllung umarmt?

Empanadas sind kleine gefüllte Teigtaschen, die es in vielen Ländern gibt. Ihren Namen erhielten sie vom spanischen Wort "empanar", zu Deutsch „panieren“, also mit Mehl/Brot/Teig bedecken. Seit dem Mittelalter werden Empanadas in Spanien aus Weizen- oder Roggenmehl-Teig hergestellt und herzhaft – oft mit den Resten des Eintopfs vom Mittagessen - gefüllt. Eine gute Art der Resteverwertung.

In Ecuador gibt es Empanadas seit dem 17. Jh. Beliebt sind die „Empanadas de viento“ („Windempanadas“), die so heißen, weil sie sich beim Frittieren aufblähen, als ob "der Wind in ihnen weht". Sie sind mit Käse und Zwiebeln gefüllt und werden beim Servieren mit Zucker bestreut. Und ja, diese Mischung schmeckt tatsächlich.

Neben dem Teig aus Weizenmehl gibt es auch Empanadas aus Verde (Kochbanane), Mote (Mais), Yuca (Maniok) und Morocho (ebenfalls ein Maisteig). Sie können mit Rindfleisch, Schweinefleisch, Huhn, Gemüse usw. gefüllt werden. Für mich waren die Teigarten aus Yuca und Morocho bei der Zubereitung am aufwändigsten – da kam meine Geduld an ihre Grenzen.

Vom damals 14jährigen Pablo, einem talentierten Nachwuchskoch, lernte ich ein Empanada-Rezept, das definitiv leichter zuzubereiten ist. An einigen Nachmittagen übten wir uns darin, Empanadas mit den unterschiedlichsten Füllungen zu kreieren, sehr zur Freude seiner Familie.

Dieser Teig ist geschmacklich neutral. Du kannst die Empanadas entweder herzhaft mit Hühnchen-Ragout, Käse usw. füllen. Möglich ist auch eine süße Füllung, klassischerweise mit frischer Ananas.

Zutaten:

- 300 g Weizenmehl, gesiebt
- 1 Prise Salz
- 30 ml neutrales Öl
- 150 ml heißes Wasser
- Reichlich Öl zum Frittieren

Vorschläge für die Füllung:

- Füllung Hawaii: Ananas, gekochter Schinken, Cheddarkäse
- Füllung Caprese: Tomate, Mozzarella, Basilikum

Denk dran: Du brauchst nur sehr wenig Füllung!

Zubereitung:

Alle Zutaten zu einem Teig vermischen und so lange kneten, bis er weder an den Händen noch in der Schüssel klebt. Den Teig 20 Minuten bei Zimmertemperatur ruhen lassen.

Den Teig dünn ausrollen und Kreise ausstechen. Auf jeden Kreis ein Löffelchen Füllung legen. Den Rand der Kreise mit etwas Wasser befeuchten, die Empanada zuklappen und den Rand etwas einrollen.

Die Empanadas mit reichlich Öl von beiden Seiten in der Pfanne anbraten.

Die herzhaften Empanadas schmecken sehr gut mit etwas Ají, der scharfen Soße.

Empanadas werden in Ecuador zu jeder Tageszeit verzehrt. Sehr beliebt sind sie zum Mittagessen, und mit einer Tasse ecuadorianischem Kaffee werden sie auch als Frühstück, Imbiss oder leichtes Abendessen (merienda) verspeist. Hier entscheidet der persönliche Geschmack.

27 Energetisierende Wasserfälle: Baños de Agua Santa

Im zentralen Andenhochland südlich von Quito lockt uns Baños, ein weiteres Highlight. Wir passieren Ambato, die Stadt des ewigen Frühlings. Hier liegt ein relativ hauptstadtnahes Zentrum des Gemüse- und Obstanbaus. Für Touristen ist Ambato nicht ganz so attraktiv. Umso mehr wird die Stadt von den Quiteños, den Einwohnern der Hauptstadt Quito, geschätzt. Gerne machen sie dort bei einem Wochenendausflug Halt, um in einem der typischen einfachen Restaurants ein cuy, also ein gebratenes Meerschweinchen, oder einen über dem Feuer gegarten Hasen zu verspeisen sowie frisches Obst und Gemüse zu kaufen.

Ein Ausflug in die Höhenlage von Quisapincha, einem kleinen malerischen Dorf nur 10 km von Ambato entfernt, beschenkt dich mit einer grandiosen Aussicht und in dem auf Lederprodukte spezialisierten Dorf kannst du in den vielen Ledergeschäften, deren Angebot sich wenig voneinander unterscheidet, nach Herzenslust stöbern. Vielleicht magst du auch noch das eigentliche Dorfzentrum mit der Kirche und den im Verhältnis zur Größe des Ortes sehr großen Platz mit einem schönen Brunnen besuchen, das sich einige Straßen über der Einkaufsmeile befindet. Die idyllische Landschaft oberhalb von Ambato lädt zum Verweilen ein, und die Aussicht auf den Vulkan Tungurahua (5.016 m) mit seiner roten, gelegentlich rauchenden Kuppe, ist spektakulär.

Bei unserer Weiterfahrt nach Baños passieren wir den Ort Pelileo, landesweit bekannt für seine Textilproduktion: Hier werden die ecuadorianischen Jeans hergestellt, und für Interessierte besteht die Möglichkeit, direkt beim Hersteller zu kaufen.

Dann erreichen wir auch schon unser Ziel, Baños de Agua Santa, kurz Baños genannt. 180 km von Quito entfernt, liegt der Ort in einem malerischen, üppig grünen Tal auf einer sehr angenehmen Höhe von ca. 1.800 m, umgeben von hohen Bergen. Die Bergriesen, Wälder und vor allem die Vielzahl von mehr als 60 Wasserfällen machen die Kleinstadt sehr attraktiv, vor allem - aber nicht nur - für Aktivurlauber: Mountainbiking, River Rafting, Bungee Jumping, Wandern, Klettern, Canyoning und Ziplining. Dem Thrill und der Abenteuerlust sind hier kaum Grenzen gesetzt! Adrenalin pur, an freier Luft, oft zwischen Himmel und Erde oder inmitten des wilden Wasser eines gewaltigen Wasserfalls – für all das ist Baños ein Mekka! Oberhalb des Ortes gibt es sogar eine Baumschaukel, wo du in großer Höhe über Berge und Täler und direkt vor einem aktiven Vulkan, dem Tungurahua, mitten in die Wolken hinein schaukeln kannst!

Neben dem Nervenkitzel bei diesen Extremsportarten hat Baños auch anderes zu bieten. Natürlich auch Kraftorte mit intensiver Schwingung, verbunden mit dem Element Wasser.

Der Ortsname Baños de Agua Santa heißt zu Deutsch „Bäder des Heiligen Wassers“. Die ursprünglich zwei Thermalbäder (inzwischen sind es mehr) speisen sich aus den heißen, am Fuß des Vulkans Tungurahua entspringenden Thermalquellen. Dieses heiße Wasser wird mit dem kalten Quellwasser aus den umliegenden Bergen vermischt, vor allem mit dem der Quelle „Manto de la Virgen“ (Mantel/Schleier der Jungfrau), die sich am oberen Ortsrand in einem sehenswerten Wasserfall ergießt.

Die Wassertemperatur in den Bädern beträgt je nach Becken 5 oder auch 45 Grad. Damit man sich nicht verbrennt, wenn man sich nach der Ankunft als erstes in ein heißes Becken begibt (ein Fehler, den viele Touristen machen!), raten die Einheimischen dazu, zunächst ins kalte Wasser zu gehen, bis der Körper gut durchgekühlt ist, und danach kurz ins heiße Wasser einzutauchen. So wie in Papallacta, dem Thermalbad bei Quito, haben auch diese Quellen zahllose erstaunliche gesundheitliche Wirkungen. Nach einer herausfordernden sportlichen Aktivität kannst du hier deine schmerzenden Muskeln entspannen, denn das Thermalwasser wirkt auch schmerzlindernd.

Reizvoll ist auch ein Spaziergang durch das überschaubare Stadtzentrum. An Straßenständen werden Produkte aus Zuckerrohr angeboten. Dort kannst du ein Stück caña de azucar (Zuckerrohr) zum Kauen kaufen, oder einen frisch gepressten jugo de caña de azucar, also Zuckerrohrsaft, probieren. Mit einfachen, manuell betriebenen Geräten wird der Saft vor deinen Augen aus den Zuckerrohr-Stücken herausgepresst.

Auf dem Weg vom Zentralpark zum Park der Basilica solltest du auf jeden Fall einen Schlenker über die Straße mit Süßigkeitenläden machen. Dort gibt es unter anderem die typischen Melcochas, eine Toffee-ähnliche klebrige Süßigkeit, die aus Zuckerrohr zubereitet wird. Dieses und anderes typisches Naschwerk wird auch in den Ständen an der Durchgangsstraße E30 verkauft. Sie zu probieren gehört zu einem Ausflug nach Baños dazu!

Wenn du die Basilika besuchst, die der „Lieben Frau vom Heiligen Wasser“ - „Nuestra Señora del Agua Santa“ - geweiht ist, siehst du vielleicht, dass in der an die Basilika angrenzenden Straße Autos von einem Priester gesegnet werden. Ja, im überwiegend katholischen Ecuador werden auch Autos mit Weihwasser gesegnet. Dieses Ritual wird sehr gerne von vielen Kraftfahrern genutzt.

Meine Lieblings-Unterkunft in Baños ist ein kleines familiengeführtes Hotel am Berg. Die Zimmer sind so gelegen, dass der Blick vom Bett aus auf einen wunderschönen Wasserfall fällt – für dieses Naturerlebnis muss man nicht einmal aufstehen! Bei einem kleinen Spaziergang vorbei an alten Lebensbäumen kannst du genau diesen Wasserfall besuchen und in ihm baden, um seine wunderbare Energie noch mehr in dich aufzunehmen.

Plane ausreichend Zeit ein für den abenteuerlichen Ausflug „Ruta de las Cascadas", auf dem du die wichtigsten Wasserfälle in und um Baños besuchst. Entweder fährst du die ganze, 60 km lange Route bis Puyo oder du schaust dir ausgesuchte Wasserfälle in der näheren Umgebung an. An der Cascada (Wasserfall) Agoyan wird Bungee Jumping angeboten und am Wasserfall Manto de la novia (Braut-Schleier), der sich wie ein langer Schleier lang hinunter in eine tiefe Schlucht ergießt, gibt es die Möglichkeit, an einem Drahtseil über die Schlucht zu gleiten. Viele Wasserfälle kannst du auch von einer Art offener Gondel, einem kleinen, an Drahtseilen gleitenden Metallkasten, aus betrachten. Oder du bewunderst sie einfach vom Rand der Schlucht aus.

Die Tour kannst du als organisierten Ausflug, zum Beispiel in einer Chiva (einem offenen Bus), oder auch privat mit dem Auto machen. Sie führt dich durch einige Tunnel. Es gibt auch die Möglichkeit, auf einer Art Umgehungsstraße der Tunnel, auf schmalen Sträßchen direkt am Hang, über der tiefen Schlucht entlang zu fahren. Diese Strecke ist sehr reizvoll, weil sie dir eine grandiose Sicht auf die beeindruckende Landschaft, den Übergang von den Hochanden in das Amazonas-Tiefland, bietet.

Eine individuelle, private Tour gibt dir die Möglichkeit, intensiver mit der Natur auf deine Weise und in deinem Rhythmus in Resonanz zu gehen, als in einer touristischen und lärmenden Chiva. So kannst du den „Schleier der Braut", diesen tief herunterfallenden Wasserfall, nicht nur ansehen, sondern ihn auch auf dich wirken lassen, dich in voller Präsenz im Hier und Jetzt mit dem Element Wasser verbinden. Das ist eine tiefere Erfahrung als das bloße Ansehen und Fotografieren.

Pailón del Diablo – einer der imposantesten Wasserfälle Ecuadors

Das absolute Highlight der Tour ist natürlich der Besuch des Pailón del Diablo, des Teufelskessels. So heißt der imposante Wasserfall in dem Örtchen Rio Verde. Selbst wenn du keine Zeit für die ganze Tour der „Ruta de las cascadas" hast, solltest du dir diesen Wasserfall nicht entgehen lassen, zumal er sich nur 17 km von Baños entfernt befindet. Der Pailón del Diablo verdankt seinen Namen den Felsformationen unterhalb des Wasserfalls, in denen man mit etwas Fantasie ein Teufelsgesicht sehen kann.

Am Rio Verde entlang, dem Fluss, der dem Dörfchen seinen Namen gab, schlängelt sich der schmale Pfad zum Wasserfall durch eine üppige Vegetation. Du überquerst schaukelnde Hängebrücken über einer tiefen Schlucht, während das Tosen im Hintergrund, erst nur zart wahrnehmbar, immer stärker anschwillt. Dann erreichst du den Ort, wo riesige Wassermassen sich dröhnend und polternd von einem Punkt über dir am Berg hinunter in die Schlucht stürzen. Du kannst das einzigartige Spektakel aus nächster Nähe, von einer kleinen Aussichtsplattform direkt neben dem Wasserfall, erleben. Dort hörst du nichts Anderes, so ohrenbetäubend laut fällt das Wasser.

Eingehüllt in das lärmende Tosen und benetzt vom Tröpfchenschleier der herabstürzenden Wassermassen, wirst du von der gewaltigen Energie dieses Naturelementes komplett eingehüllt, wie in eine dicke Decke. Es ist eine die äußeren Sinne total absorbierende und überwältigende Erfahrung, die durch die Sinnesorgane in den Körper eindringt und ihn vollständig durchdringt. Ein vielschichtiges Erlebnis: Reinigung, tiefe Energetisierung, Erfahrung von Macht und Ohnmacht, Stärke, tiefstes Vertrauen und sich einer stärkeren Macht überlassen. Alles wird durchgewirbelt und auf den Kopf gestellt.

Nach einem Besuch am Pailón del Diablo wackeln mir die Knie. Mein Körper ist einerseits elektrisiert, aufgeladen mit frischer Energie, und andererseits völlig erschöpft. Ich brauche jedes Mal Zeit, um diese Erfahrung zu integrieren. Von anderen höre ich Ähnliches.

Ich liebe diesen ganz besonderen Kraftort, an dem es kein großes Ritual braucht, sondern nur eine offene Wahrnehmung. Denn der Pailón del Diablo besitzt schon ausreichend Transformationskraft. Das hier tief und bewusst Erlebte bleibt im Körper und in der Erinnerung verankert und ist jederzeit abrufbar.

Zum Abschluss der Tour bietet sich der Besuch eines Aussichtspunktes an. Die Chiva-Touren wählen oft den Aussichtspunkt Bellavista mit dem weißen Kreuz, das man vom Ort aus sieht. Wenn du individuell reist, empfehle ich dir den etwas weiter entfernten Mirador (Aussichtspunkt auf Spanisch) Runtún, wo du weit mehr als nur eine bessere Aussicht hast. Die hölzerne Aussichtsplattform, deren Pfeiler die Form von großen Händen haben, ist ein spektakulärer Ort.

Das Gefühl, von diesen großen Händen über dem Tal gehalten zu werden, in dem die Stadt liegt, ist berührend und eine Versinnbildlichung des tiefen Vertrauens, dass du stets sicher und zuverlässig inmitten dieser Welt und deines Lebens gehalten und beschützt bist.

Welchen Aussichtspunkt du auch wählst – du hast immer einen fantastischen Blick auf den Vulkan Tungurahua in seiner ganzen Größe, „Mama Tungurahua“, wie er genannt wird.

Schaukeln vor dem Vulkan

Natürlich besuchst du noch die Schaukel vom Ende der Welt, „el columpio del fin del mundo“. Hoch oben auf einem Berg kannst du dort bis in die Wolken hinein schaukeln, ebenfalls vor dem Hintergrund der aktiven – vielleicht sogar rauchenden – Mama Tungurahua. Ein spektakulärer Ort und ein einmaliges und unvergeßliches Erlebnis! Es ist eine Übung tiefen Vertrauens, wenn du dich auf die Schaukel begibst und über dem sich tief unter dir öffnenden Tal mit der Leichtigkeit eines Kindes hin- und herschaukelst. Gehalten und geschützt. In tiefem Urvertrauen.

28 Start in den Tag mit der Heilpflanze Guayusa

Von Baños aus ist es nicht weit ins Amazonas-Gebiet, der Ort selber liegt schon im Übergang vom Andenhochland ins Amazonas-Tiefland.

Wir fahren dieses Mal nicht weiter in den "Oriente", wie das Amazonas-Gebiet in Ecuador genannt wird, doch ein besonderes Produkt aus dieser Region möchte ich dir noch vorstellen: Den Guayusa-Tee. Es ist kein normaler Tee, sondern ursprünglich ein rituelles Getränk, das von den Einwohnern des Amazonas auch weiterhin als solches eingenommen wird.

Jeden Tag vor Sonnenaufgang begehen die Mitglieder der indigenen Stämme im Amazonas-Gebiet ein Morgenritual, bei dem Guayusa die Hauptrolle spielt. In einer Zeremonie mit Trommelklängen und Tanz trinken sie den Tee, erzählen sich dazu ihre Träume und deuten sie. Auf diese Weise, so sagen sie, empfangen sie den neuen Tag voller Energie und Vitalität, und beginnen anschließend, ihren Aktivitäten nachzugehen.

Guayusa (auch Wayusa, Ilex guayusa) wächst in den äquatorialen Regenwäldern und ist ein heiliger Baum für die dort ansässigen Kichwa-Indigenen. Sie verarbeiten seine Blätter zu Tee. Der Genuss dieses anregenden Getränks mit natürlichem Koffein ist seit über 2.000 Jahren in der amazonischen Kultur verankert.

Guayusa wird wegen seines ausgewogenen Verhältnisses von Koffein und Antioxidantien geschätzt. Seine aktivierende Wirkung ähnelt der von Kaffee oder, mehr noch, der von Mate-Tee. Denn im Gegensatz zu Kaffee setzt Guayusa das Koffein nach und nach frei, so dass die Energie sanft ansteigt, ohne plötzlichen Abfall. Dies bewirkt eine ruhige Konzentration und Energie für geistige und körperliche Arbeit, die je nach Intensität der Arbeit mehrere Stunden anhält. Die Ureinwohner sind überzeugt, dass Guayusa ihr Immunsystem stärkt und sie vor negativen Energien, Ungeziefer und Schlangen im Dschungel schützt.

29 Rezept: Llapingachos mit Rote Beete-Möhren-Salat

Nach unserem Abstecher nach Baños kehren wir zunächst zurück nach Ambato, der Stadt des ewigen Frühlings, und stärken uns dort, bevor wir weiter nach Süden, nach Riobamba und zum König der Anden, dem Vulkan Chimborazo weiterreisen.

Neben gebratenem Hasen und Cuy (Meerschweinchen) hat Ambato natürlich auch anderes zu bieten, zum Beispiel Llapingachos, warme Kartoffelpätzchen.

Llapingachos, auch yapingachos, können zum Frühstück mit Curtido de tomate y cebolla serviert werden, als Beilage zu einem deftigen Mittagessen oder als leichtes Abendessen. In der Markthalle der Stadt Ambato serviert man sie dir typischerweise mit Spiegelei, Chorizo (einer Art Bratwurst) und einem Rote Beete-Möhren-Salat. Sie sind auch eine beliebte Beilage anderer ecuadorianischer Gerichte der Sierra.

Rezept: Llapingachos

Zutaten:

- 5-6 große Kartoffeln, geschält und in mittelgroße Stücke geschnitten
- 2 Esslöffel Öl
- 1 fein geschnittene weiße Zwiebel/alternativ Lauchzwiebel
- Etwas weißen Käse, z.B. Mozzarella
- Salz

Zubereitung:

Die geschälten und in Stücke geschnittenen Kartoffeln in etwas Wasser und Salz weich kochen. Du kannst dem Kochwasser eine Lauchzwiebel beifügen. Oder du hackst eine Zwiebel fein und gibst sie später zur Kartoffelmasse.
Die weich gekochten Kartoffeln zerdrücken, Salz nach Geschmack hinzufügen. Den Teig etwas ruhen lassen.

Kleine Tortillas aus der Kartoffelmasse formen und in die Mitte ein Stückchen Käse legen. In Ecuador verwendet man überwiegend weiße, frische Käsesorten, die dem Mozzarella ähneln.
Die Llapingachos in ein wenig Öl von jeder Seite anbraten.

Rezept: Salat aus Roter Beete und Möhren

Eine gesunde Vitaminbombe, die typischerweise – aber nicht ausschließlich – zu Llapingachos, den Kartoffel-Tortillas, gegessen wird. Dieser Salat benötigt nur wenige Zutaten und ist rasch zubereitet.

Zutaten:

- 3 mittelgroße Rote Beete (wenn es schnell gehen soll kannst du auch bereits vorgegarte Rote Beete nehmen)
- 3 Möhren
- 1 weiße Zwiebel oder Lauchzwiebeln
- 2 Stängel Koriander
- Saft einer Limette
- Salz

Zubereitung:

Die Möhre schälen, in kleine Quadrate schneiden und kochen. Die Rote Beete separat kochen, schälen und ebenfalls in kleine Würfel schneiden. Wenn du vorgegarte Rote Beete nimmst, schneidest du sie direkt in kleine Würfel.

Die weiße Zwiebel oder Lauchzwiebel sehr fein hacken. Alles vermischen.

Koriander hacken und hinzufügen. Mit Limette und Salz abschmecken.

Wenn du magst, kannst du dem Salat noch einen Esslöffel Öl hinzufügen, erforderlich ist es aber nicht.

30 Chimborazo – der höchste Berg Ecuadors

Wenn ich den Chimborazo, den höchsten Berg Ecuadors, beschreibe, verwende ich unweigerlich Superlative. Er ist nicht nur der höchste Berg dieses wunderbaren südamerikanischen Landes, sondern auch der repräsentativste. 2.500 - 3.000 Meter ragt seine schneebedeckte Kuppe aus der ihn umgebenden, etwa 4.000 m hohen Ebene heraus. Der Koloss thront über den Städten der Hochebene der Westkordillere der Anden und bei guten Wetterbedingungen ist sein verschneiter Gipfel sogar in der 140 km entfernten Küstenstadt Guayaquil noch zu sehen.

Der Chimborazo ist ein Bilderbuch-Vulkan. Davon zeugen auch die unzähligen Fotos und Bilder von Einheimischen und Touristen, die immer wieder verschiedene Perspektiven auf diesen Berg einfangen. Je nach Tageszeit, Wetterlage, Lichteinstrahlung durch Sonne oder Mond, Sternenhimmel – dieser beeindruckende Vulkan zeigt sich immer wieder neu und faszinierend anders. Der Schönheit und Vielfalt der Natur, die sich hier zeigt, sind keine Grenzen gesetzt.

Der bereits erwähnte deutsche Naturforscher Alexander von Humboldt besuchte und erforschte bei seiner Reise nach Ecuador den Chimborazo. Er war es, der als erster 1802 den Vulkan bestieg. Gemeinsam mit seinen Begleitern gelangten sie bis zu einer Höhe von 5.800 m (nach heutigen Messungen waren es 5.600 m). Dort mussten sie wegen einer tiefen und mit ihrer

Ausrüstung unüberbrückbaren Gletscherspalte den Aufstieg abbrechen.

Fasziniert von dem Berg ließ er sich mit ihm im Hintergrund abbilden. Da die Fotografie damals noch nicht erfunden war, ließ er sich malen.

Nach seinem Aufstiegsversuch und den entsprechenden Messungen dachte Humboldt, er hätte den höchsten Punkt der Erde erreicht. Ganz falsch lag er damit nicht. Tatsächlich ist der Chimborazo wegen seiner Lage auf der äquatorialen Wölbung der Erde - er liegt nur knapp 200 m südlich des Äquators - der am weitesten vom Erdmittelpunkt entfernte und gleichzeitig der Sonne am nächsten gelegene Punkt der Erde. Auch das macht einen Teil seiner Anziehungskraft aus - ein wahrhaft besonderer Ort!

Dem Aufstiegsversuch Humboldts ist übrigens die erste Schilderung der Höhenkrankheit zu verdanken. Humboldt selbst und seine Begleiter litten darunter, und er dokumentierte die Symptome akribisch.

78 Jahre später, 1880, gelang einer britisch-italienischen Bergsteigergruppe unter Führung von Edward Whymper die Erstbesteigung. Da dies jedoch angezweifelt wurde, bezwang Edward Whymper im Jahr 1892, begleitet von zwei ecuadorianischen Bergsteigern, erneut den Gipfel.

Die Kuppe des inaktiven Vulkans ist ab einer Höhe von 5.100 m vergletschert. Einzelne Gletscherarme reichen auch bis weiter hinab. Dort ist auch der letzte „hielero“ Ecuadors aktiv, ein „Eis-Minen-Arbeiter“. Früher, vor der Verbreitung der Kühlschränke, waren es die „hieleros“ (von spanisch „hielo“, Eis), die Eisblöcke aus dem Gletscher abbauten und sie auf den Märkten der Städte in der Umgebung verkauften. Heute ist dieser Beruf quasi ausgestorben, allein Baltazar Ushca ist mit Ende 70 noch aktiv. Inzwischen ist er eine lebende Legende: Es gibt Reportagen und Dokumentarfilme über ihn. Zuletzt unterstützte ihn der ukrainische Journalist Dmytro Komarov dabei, das Eis des Chimborazo in Form von Mineralwasser zu vertreiben. Die Flaschen mit dem Konterfei Ushcas verkaufen sich sehr gut, vor allem seit sich herausstellte, dass das am Chimborazo abgebaute Eis eine sehr gute Qualität besitzt.

Wir nähern uns dem imposanten Vulkan aus Richtung Norden. Hinter Ambato, der „Stadt des ewigen Fühlings“, taucht die weiße Kuppe am Horizont auf und begleitet uns bis zur Stadt Riobamba.

Riobamba (2.750 m hoch) bedeutet „weite Ebene“. Einst war es die Hauptstadt der Puruhaes, einem Volk, das vor der Eroberung durch die Inkas dort lebte. Umgeben von den Vulkanen Chimborazo, El Altar, Carihuairazo und Tungurahua wird Riobamba auch die „Sultanin der Anden“ genannt. Von einem der höheren Gebäude der Stadt aus kannst du den wahrhaft eindrucksvollen Blick auf diese imposante Bergwelt genießen. Durch die Nähe zu den Vulkanen erhält die Stadt auch eine gewisse touristische Bedeutung. Für viele Bergsteiger liegt hier der Startpunkt für eine Bergtour.

Wir legen ebenfalls einen Zwischenstopp in der „Sultanin der Anden“ ein, um die stark gebündelte Vulkan-Energie zu spüren und einen tiefen Reinigungsprozess in uns anzustoßen. Vulkan-

Energie wird oft mit Wut, Aggression und Zerstörung in Verbindung gebracht, und das ist auch tatsächlich ein Aspekt. Vulkan-Energie hat auch einen reinigenden Aspekt: Transformatorisch betrachtet verbrennt die große feurige Hitze alles, was uns nicht mehr dient. Auch die Schöpfungsenergie ist nicht immer zart und sanft, sondern oftmals auch stark, intensiv und sogar explosiv. Allerdings wird sie kanalisiert durch den Fokus auf Liebe und die Schöpfung von Gutem.

Die Herkunft des Namens „Chimborazo" ist unsicher und es gibt verschiedene Erklärungsmodelle. Mir persönlich sagt die Kombination aus dem Shuar-Wort „Chimbo" für Thron/Gottesthron und dem Kichwa-Wort für Eis/Schnee, „Razo", zu, was „eisiger Thron Gottes" ergibt. In der Tat ist der Vulkan ein Thron Gottes, ähnlich dem Olymp, dem Berg, der in der griechischen Mythologie der Sitz der Götter ist.

In der Kosmovision und den Legenden der Ureinwohner wird der Chimborazo als „Taita" (Vater) bezeichnet. Die Ureinwohner der Region, die bereits erwähnten Puruhaes, sahen sich als Abkömmlinge der beiden heiligen und personalisierten Vulkane, Taita Chimborazo und Mama Tungurahua.

Vielleicht magst du den Berg besteigen, jedenfalls bis zu einer der Schutzhütten? Oder auf den Wegen des letzten „hielero" wandern? Für diese Tour brauchst du einen Bergführer. Auf keinen Fall solltest du den Aufstieg auf eigene Faust wagen! Ebenso wichtig ist es, dass du dich bereits Tage vorher an die Höhe akklimatisiert hast. Sonst wirst du nicht viel Freude bei der körperlichen Aktivität haben.

Im Reservat, das den Chimborazo umgibt, existieren zwei Schutzhütten: Die Carrel-Hütte auf 4.845 m und die Whymper-Hütte, 5.042 m. Zur Carrel-Hütte gelangt man entweder mit dem Auto oder zu Fuß in einer mehrstündigen Wanderung. Die Whymper-Hütte ist nur zu Fuß erreichbar. Für die nicht ganz geübten Bergsteiger ist es eine gute Variante, zur ersten Hütte mit dem Auto zu fahren und dann zur zweiten Hütte aufzusteigen. Auch wenn die Entfernung zwischen den beiden Hütten nur wenige hundert Meter beträgt, werden wir eine Stunde für den Aufstieg benötigen. Für den Körper ist es eine enorme Anstrengung, von 4.845 m auf 5.042 m aufzusteigen.

Die Höhe ist die eigentliche Herausforderung, und sie ist eine Lehrmeisterin in Geduld, wie ich erfahren durfte: Den Fokus auf den Atem, auf das regelmäßige Atmen gerichtet; Schritt für Schritt gehen; dem Körper Langsamkeit zugestehen und die eigenen Grenzen akzeptieren; geduldig und gelassen meinem eigenen Rhythmus – auch wenn er noch so langsam ist – folgen und mich auf keinen Fall vergleichen oder mit schnelleren Wanderern mithalten wollen.

Wichtig ist auch, immer mal wieder eine kleine Pause einzulegen und zu verschnaufen. Die vielen Grabsteine am Wegesrand zeugen von Bergsteigern, die den Aufstieg nicht geschafft haben und ums Leben gekommen sind. Sie erinnern uns daran und laden uns dazu ein, eine Pause zu machen, auf die Signale unseres Körpers zu achten, uns nicht zu überfordern und die Leistung unseres Körpers wertzuschätzen.

An der zweiten Schutzhütte, dem Refugio Whymper, auf 5.042 m Höhe, verschnaufen wir, lassen den Atem ruhiger werden und genießen ein heißes Getränk. Hier eröffnet sich uns eine wunderbare Aussicht: Der weite Blick über das Tal und die umgebende Bergwelt. Steil über uns leuchtet die Kuppe des Vulkans.

Nach dieser Erholungspause machen wir uns nochmals auf und wandern 100 Meter weiter zur Lagune Condor Cocha (auf 5.100 m). Je nach Wetterlage hat sie Wasser oder ist trocken. Wir haben Glück – aber selbst wenn sie trocken gewesen wäre: Der fantastische Blick von dort auf den Chimborazo entschädigt auf jeden Fall.

Wenn Wandern in dieser Höhe nichts für dich ist, empfehle ich dir eine Tour mit dem PKW oder Bus durch das Reservat von Riobamba bis Guaranda und weiter bis nach Ambato, einmal rund um den Chimborazo. Diese Route ist ein eindrucksvolles Erlebnis, denn hinter jeder Kurve der serpentinenreichen Strecke eröffnet sich uns eine neue Sicht auf den imposanten Vulkan. Die Landschaft wandelt sich von anfangs noch kleinbäuerlicher Landwirtschaft in der dünn besiedelten Berglandschaft bis hin zur kargen Ödnis des Hochgebirges. Auf der kleinen einspurigen Landstraße sind wir größtenteils völlig allein unterwegs.

Hinter Guaranda wird es noch einsamer und wir gelangen an den Westhang des Vulkans, der auch „arenal“ genannt wird. „Arena“ ist spanisch für Sand, und so stellt sich die Landschaft auch dar. Wir befinden uns mitten in der geographischen Zone des sandigen, karg bewachsenen Paramó. Hier wirst du erkennen, warum es sich bei diesem Gebiet um ein Tierschutzgebiet („Reserva de Produccion Faunistica Chimborazo“) handelt: Inzwischen leben hier hunderte von Vicuñas. Die wilden Verwandten der Lamas und Alpakas leben in einer Höhe zwischen 3.800-5.000 m. Sie werden bis zu 190 cm lang, 110 cm hoch und etwa 50 kg schwer und ernähren sich von Gräsern, Kräutern und Moosen. Im Unterschied zu Lamas und Alpakas widersetzten sie sich erfolgreich allen Domestizierungsversuchen.

Bereits während der Kolonialzeit setzte eine starke Verfolgung der Vicuñas ein, da die Wolle - sie gilt als die feinste und kostbarste der Welt - und das zarte Fleisch eine begehrte Beute darstellten. Daher wurden sie früher bis zur Ausrottung gejagt, aber in den 1980er Jahren wurden Vicuñas aus Chile und Bolivien wieder neu eingeführt. Mit gutem Ergebnis: Sie haben sich hervorragend eingelebt. Nun kann man sogar von der Straße aus die Herden der zartgliedrigen, eleganten Tiere sichten.

Die kleine Straße schlängelt sich in Serpentinen hoch bis zu El Arenal. Dort wohnen wenige Indigene. Es gibt eine Schule, die auch als Gemeindesaal dient, einen Laden und eine Gaststätte. Der Großteil der wenigen Häuser ist tief in die Erde gebaut, und die geduckten, strohgedeckten, runden Dächer bieten Schutz vor den rauen Winden. Auch in der Gaststätte sitzt man unterhalb der Erdoberfläche. Durch die sich darüber erhebende verglaste Fläche genießt man einen einzigartigen Blick auf den sich darüber wölbenden Chimborazo.

Die Gastfreundschaft ist der Höhenlage angepasst: Mit jeder Bestellung wird dem Gast vorneweg und kostenlos ein Pajaro Azul, der typische Schnaps der Region, als schnelles Mittel gegen die Kälte serviert. Zu essen gibt es die einfache Kost der

Hochanden: Maiskolben, dicke Bohnen (auch Ackerbohnen oder Saubohnen genannt), kleine Kartoffeln und Käse. Dazu gibt es ein sogenanntes „curtido“ aus Tomate, Zwiebel, Zitrone und Salz.

Gut gestärkt fahren wir weiter in Richtung Ambato. Die sandige und karge Landschaft wandelt sich, wird zusehends grüner und bestellte Felder und Obstbäume säumen die Berghänge. Nun haben wir den höchsten Berg Ecuadors umrundet.

31 Vulkan-Meditation

Nun ist der Moment gekommen, an dem wir uns mit dem größten Berg Ecuadors, dem Vulkan Chimborazo, in Verbindung setzen. Natürlich kannst du diese Meditation auch auf einem anderen Vulkan machen. Du musst auch gar nicht vor Ort sein – es reicht die Visualisierung, also deine Vorstellungskraft.

Der Chimborazo ist ein wichtiger Kraftort mit einer enorm hohen Schwingung. Schon aus der Stadt Riobamba können wir uns, wie oben beschrieben, von seiner Energie und der Energie der Nachbarvulkane erfüllen lassen.

Ob du es dir vornimmst oder nicht – du wirst unweigerlich bei deinem Besuch in Verbindung zu diesem Giganten treten. Er ist groß und beeindruckend und gleichzeitig gut und dir zugewandt. Er ist für dich. Lass dich von ihm mit hineinnehmen in seine Sicherheit, in sein Verwurzeltsein mit dem Erdmittelpunkt. Verbinde dich ganz mit ihm und öffne dich für seine Energie.

Du kannst diese meditative Annäherung sowohl aus der Entfernung, mit einem guten Blick auf den Vulkan, oder auch von seinen Falten oder einer der Schutzhütten aus durchführen. Auch die Wanderwege zwischen den Hütten oder zur Lagune sind ideal dafür. Wenn du nicht vor Ort bist, nimmst du deine Vorstellungskraft zu Hilfe und visualisierst, dass du dort bist.

Stell dir vor, du stehst auf dem Chimborazo, oben auf der Kuppe. Dazu reicht eine Intention und ein Wimpernschlag. Schon stehst du auf dem Vulkan und verbindest dich mit ihm über deine Füße, die ihn in deiner Vorstellungskraft berühren. Du musst auch gar nicht bestimmte Bilder sehen. Die Intention, dass es so ist, reicht völlig aus.

Spüre, wie sich deine Füße mit der Erde unter dir verbinden und aus ihnen Wurzeln wachsen hinein in den Vulkan, durch den ganzen Berg hindurch. Vielleicht nutzen sie die alten Kanäle und Verbindungsbahnen, die den ehemaligen Vulkan mit dem Erdmittelpunkt verbinden. Deine Wurzeln wachsen so rasch und selbstverständlich, als ob in ihnen die Erinnerung erwacht ist an etwas, was sie schon immer getan haben, an etwas, was sie schon kennen. Deine Wurzeln wachsen tief in Mutter Erde hinein, in die Pacha Mama. Sie wachsen und wachsen und verbinden sich im Innern mit dem reinen Erdkristall von Mutter Erde.

Lass deine Wurzeln immer breiter und kräftiger werden. Mutter Erde, die Pacha Mama, schickt ihre liebevolle Energie in Form von zartem, rosafarbenem Licht durch deine Wurzeln hinauf in deine Füße und vor dort breitet sie sich in deinem Körper aus. Du bist geerdet, sicher, voller Vertrauen an diesem sicheren und geschützten Ort. Dies ist dein Aufenthaltsort und dein Zufluchtsort für diese Zeit. Du befindest dich auf dem Thron Gottes, wie einer der Namen des Vulkans in einer indigenen Sprache lautet. Hier findest du zurück zu dir, wenn du dich verloren hast oder dich von dir getrennt fühlst.

Direkt über dir spannt sich der Himmel, du bist ihm so nah wie sonst nirgendwo auf der Welt. Öffne dich und empfange das helle Licht der Sonne, das zusammen mit dem göttlichen Licht in dich einströmt. Lass es fließen.

Das rosafarbene Licht der Pacha Mama vermischt sich in dir mit dem hellen goldfarbenem göttlichen Licht. Nimm dir Zeit, dass es durch dich hindurchfließen kann. Lass es in deinem Körper zirkulieren.

Beobachte, welche Körperregion noch nicht vom Licht durchflossen ist und lenke den Lichtfokus dorthin. Das tust du durch deine Intention, indem du deine Aufmerksamkeit auf diese Körperstelle richtest.

Schau herab ins Tal und sieh die Welt von oben an. Schau auf alles, was du hinter dir gelassen hast. Von hier oben ist alles weit weg und unwichtig. Nichts triggert dich mehr. Das Außen, die Meinungen, das Gerede und die Energien anderer Menschen – dein gesamtes Lebensumfeld, das dich sonst bestimmt, ist nun sehr weit weg. So weit weg, dass es hier keine Rolle mehr spielt. Erleichtert dich das? Spüre hinein.

Hier bist du alleine mit dir selbst. Im Angesicht des hohen, imposanten Vulkans, der hier und heute dein Spiegelbild ist.

Verspürst du Angst? Dann gib sie ab in die Erde, auf der du stehst. Rosafarbenes Licht hüllt deine Angst ein und nimmt sie auf. Die Pacha Mama ist eine Mutter und weiß, wie man Angst auflöst.

Wir befinden uns auf einem erloschenen Vulkan. Einst war er jedoch aktiv – sehr aktiv! Vulkan-Energie steht für Zerstörung. Kannst du dich an Momente in deinem Leben erinnern, in denen sich Wut und Aggression ungezügelt ihren Weg hinaus gebahnt haben und, ähnlich einem aktiven Vulkan, über andere Menschen oder dir selbst ausgebrochen sind?

Hier ist der Ort, an dem du mit deiner Wut in Verbindung treten kannst. Gib dir selber die Erlaubnis, jetzt mit deiner Wut Kontakt aufzunehmen, in dem Maße und auf die Art und Weise, die sich für dich jetzt sicher anfühlt.

Spüre in dich hinein, wo in dir Wut steckt. Eine vielleicht unausgesprochene, nie richtig zugelassene und akzeptierte Wut. Wenn dir das schwerfällt und du sie nicht findest, dann suche Traurigkeit – sie bringt dich auf die Spur deiner Wut.

Deine Wut – sie steht für diese Vulkan-Energie, die nichts Schlechtes ist. Wir brauchen diese intensive, heiße und leidenschaftliche Energie, weil sie Neues erschafft, so wie ein Eisen im Feuer geschmiedet wird. Schöpfungsenergie ist nicht immer zart und sanft, sondern oftmals auch stark, intensiv und sogar explosiv.

Wo würdest du gerne auf den Tisch hauen?
Was tolerierst du nicht mehr?
Wo reicht es dir, ein für allemal?

Wo willst du keine Kompromisse mehr machen? Einen klaren Cut machen?
Einen gordischen Knoten zerschlagen?
Wofür stehst du nicht mehr zur Verfügung?

Lass es raus. Der Vulkan kennt sich mit Ausbrüchen aus – deine werden ihn nicht verschrecken. Ihm kannst du alles anvertrauen, frei von der Leber weg.

Sprich es aus, schreib es auf – und, besser noch: Schrei es heraus, wenn du die Möglichkeit hast und dich traust! Oder schrei in ein

Kissen hinein. Schlucke es nicht wieder hinunter, sondern explodiere, breche aus, mit Lava und Feuersbrunst. Nimm dir Zeit dafür und lies erst nach deinem Ausbruch weiter.

Dieser Ausbruch schafft Klarheit. Das ist der transformatorische Aspekt von Vulkan-Energie: Die große feurige Hitze verbrennt alles, was dir nicht mehr dient. Du siehst nun ganz klar, was du nicht mehr in deinem Leben haben willst, weil es dir nicht förderlich ist. Gleichzeitig bist du mit der starken Schöpfungskraft verbunden, die dich entschlossen, mutig, stark und absolut frei voranschreiten lässt – für deine Ziele, deine Träume, dein glückliches und erfülltes Leben.

Atme tief ein und aus. Das rosafarbene Licht der Pacha Mama durchströmt weiterhin deinen Körper und erdet dich. Eng verwoben mit dem hellweißen Licht von oben entfaltet es eine zutiefst heilende Wirkung. Atme das Licht bewusst in jede Zelle hinein.

Lass Klarheit und kraftvolle Entschlossenheit wirken. Du musst nichts tun, nur atmen, dich entspannen und zulassen. Der Berg vermittelt dir seine Klarheit.

Du bist wichtig, du bist wertvoll. Sei du selbst und lebe dein Leben. Nimm deinen Platz ein. Ganz frei.

Es ist gut und sicher, du zu sein. Alles ist für dich und unterstützt dich auf deinem Lebensweg. Tauche mit deinem ganzen Sein in diese Sicherheit ein, in dieses tiefe Vertrauen. Lass es all deine Zellen durchdringen und alle Angst, Unsicherheit und Zweifel transformieren.

Bedanke dich nach dieser intensiven Meditation beim Vulkan Chimborazo, bei der Pacha Mama und Gott/dem Universum, wie auch immer du es nennst. Potenziert durch die Schwingung dieses Kraftortes ist nun eine umfassende Transformation geschehen.

Geh den ersten Schritt in die neue Richtung, indem du ihn gleich aufschreibst. Setze ihn kompromisslos um und folge damit deiner Sehnsucht nach Freiheit, nach dem Leben, der Beziehung, dem Umfeld, dem Job, die du in dir trägst. Folge deiner Klarheit.

Dein Herz wird dich leiten, wenn du vertraust. Folge deiner Freude, sie wird dir die nächsten Schritte zeigen.

32 Rezept: Der Klassiker „Curtido de Cebolla y Tomate“

Am Ende unserer Rundfahrt um den Vulkan Chimborazo wurde es uns mit Choclo (Maiskolben), Bohnen und Käse serviert: Das Curtido de cebolla y tomate (Zwiebel-Tomaten-Curtido), ein Mittelding zwischen Salat und Sauce, mit einem köstlich frischen Geschmack. Cebollas curtidas, mit Limettensaft eingelegte Zwiebeln werden in ganz Lateinamerika gerne gegessen. Der Limettensaft entzieht der Zwiebel die Säure, dadurch wird sie angenehm mild und bekömmlich.

Die Variante mit Tomate und Zwiebeln ist typisch ecuadorianisch und wird zu vielen Gerichten serviert, zum Beispiel zu hornado de chancho (Schweinebraten), encebollado de pescado (die Fischsuppe, dir ich als Katerfrühstück vorgeschlagen habe), fritada (ebenfalls ein Gericht mit Schweinefleisch) und menestras (Gerichte aus Linsen oder Bohnen). Es schmeckt auch gut zu Patacones – den gebratenen Scheiben aus Kochbananen - und eignet sich hervorragend als Grundlage für Salate, zum Beispiel für Avocado-Salate.

Diese einfache Beilage besteht aus wenigen Zutaten. Sie wird aus roten Zwiebelscheiben und Tomatenscheiben mit Limettensaft, Koriander, Öl und Salz zubereitet.

Zutaten:

- 2 rote Zwiebeln, in dünne Scheiben geschnitten
- Saft von 3 Limetten
- 2-3 mittelgroße Tomaten, in dünne Scheiben geschnitten
- 1 Esslöffel Öl
- 2 Esslöffel fein gehackter Koriander
- Salz nach Geschmack

Zubereitung:

Die Zwiebelscheiben mit etwas Salz und einem Teil des Limettensafts in eine Schüssel geben und mit warmem Wasser bedecken. Etwa 10 Minuten stehen lassen.

Die Zwiebeln mit kaltem Wasser gut abspülen.

Den restlichen Limettensaft zu den Zwiebeln geben und mindestens 30 Minuten ziehen lassen.

Die Tomatenscheiben, das Öl und den Koriander hinzugeben, gut mischen und mit Salz abschmecken.

33 Im Herzen des südlichen Andenhochlandes: Cuenca

Unser nächstes Ziel liegt bereits in der Sierra Sur, im südlichen Andenhochland, und ist ein echtes Juwel: „Santa Ana de los cuatro Rios de Cuenca“ ist der vollständige und beeindruckende Name der nach Quito größten und bedeutsamsten Kolonialstadt Ecuadors. Der Name geht zurück auf die spanische Tradition, jede neue Stadt einem Heiligen zu widmen. Anna, Jesus Großmutter, wurde diese Stadt zugewiesen, und die Lage an den vier Flüssen findet im Ortsnamen Erwähnung. Aus Loyalität zur spanischen Heimat wurde die Neugründung nach der spanischen Stadt Cuenca in Castilla-La Mancha, im östlich-zentralen Teil Spaniens, benannt.

Bereits vor der Ankunft der Spanier besaß Cuenca klangvolle Namen: Die Spanier gründeten Cuenca auf den Ruinen der Inka-Stadt Tomebamba, was „Feld der Messer“ auf Kichwa bedeutet und auf die Massaker der Inkas bei der Eroberung der Region Bezug nimmt. Die Inkas ihrerseits bauten auf den Resten von „Quanpondelig“ (zu Deutsch: „Ebene so groß wie der Himmel“), einer Siedlung der Cañaris, dem Volk, das in dieser Region von circa 500 - 1470 n. Chr., also vor der Eroberung durch die Inkas, seinen Lebensraum hatte.

Die vier Flüsse, die die Stadtstruktur prägen, heißen Tomebamba, Tarqui, Yanuncay und Machángara. Sie speisen sich aus den Gewässern des nahen Nationalparks Cajas und bringen sauberes Gebirgswasser in die Stadt. Umgeben von Grünflächen bieten sie Raum für Erholung und lockern das Stadtbild auf. Ein Picknick am Ufer des Tomebamba ist eine wunderbar erholsame Freizeitaktivität und vermittelt einen anderen Blick auf die Stadt!

Cuenca ist auf jeden Fall und immer eine Reise wert! Das sagen auch die Ecuadorianer – außer vielleicht einigen Quiteños, denen Cuenca als „kleinere Version von Quito“ zu provinziell vorkommt. Von provinziell kann jedoch keine Rede sein – immerhin ist es mit knapp 660.000 Einwohnern (2022) die drittgrößte Stadt Ecuadors.

Wie Quito besitzt auch Cuenca ein koloniales Stadtzentrum aus dem 16 Jahrhundert, das seit 1999 ebenfalls Weltkulturerbe der UNESCO ist. Das Stadtbild folgt noch immer dem vor 400 Jahren angelegten Schachbrettmuster. Es ist jedoch kleiner und überschaubarer als in Quito, zudem auch sicherer – es gibt weniger Kriminalität - und sauberer. Sehenswürdigkeiten gibt es auch hier viele: natürlich Kirchen, darunter die alte und die neue Kathedrale, Museen und Parks.

Cuenca wird auch „Atenas del Ecuador“, also das „Athen Ecuadors“ genannt. Die Stadt verdiene diese Bezeichnung, so die Einheimischen, aufgrund ihrer Architektur, ihrer kulturellen Vielfalt, ihres Beitrags zur ecuadorianischen Kunst, Wissenschaft und Literatur sowie als Geburtsort vieler berühmter Persönlichkeiten der ecuadorianischen Gesellschaft.

Kultur spielt in der Tat eine große Rolle in Cuenca und die kulturelle Vielfalt prägt die Atmosphäre der Stadt: Schönes und stilvolles Kunsthandwerk, pulsierende Geschäfte, Cafés und Restaurants, freundliche und hilfsbereite Gastgeber sowie viele kulturell aktive junge Menschen, die das Stadtbild bereichern.

Konzerte, Theater und viele andere Veranstaltungen ziehen ein interessiertes und aufgewecktes Publikum an.

Wenn du frühmorgens in Cuenca ankommst, solltest du dich zunächst mit dem typischen Frühstück „Mote Pillo" für einen Tag voller Besichtigungen stärken. Das Rezept findest du gleich im nächsten Kapitel.

Nach diesem kräftigen Frühstück kannst du energiegeladen in den Tag starten! Wenn du außerhalb der Altstadt nicht viel laufen magst, kannst du auch die Tram benutzen oder den Bus der City-Tour.

Beim Spaziergang durch die Altstadt, vorbei an Kirchen und majestätischen Gebäuden aus der Kolonialzeit, über Plätze und durch kleine Parks, scheint es gelegentlich, als ob die Zeit hier stehen geblieben sei. Alte Herren mit Baskenmütze schlurfen mit einer Zeitung unter dem Arm in den Park und lassen sich auf einer Bank nieder, um dort in Ruhe zu lesen. Nonnen huschen quer über einen Platz, und Schulkinder in Uniformen springen über das Kopfsteinpflaster. Kleine Gassen und Patios laden zu Entdeckungstouren ein. Es gibt einen herrlich bunten Blumenmarkt auf der kleinen Plazoleta del Carmen vor der Iglesia de la Asunción und Kunsthandwerkstände hinter der Kathedrale.

Wie in Quito gibt es auch hier viele Kirchen – manche wurden direkt nach der Stadtgründung von den Spaniern errichtet. Das Baumaterial fand man in der Inka-Stadt Pumapungo, die heute ein archäologischer Park mitten im Stadtgebiet ist. Aus den großen Quadern, die vormals die Häuser und Tempel der Inkas bildeten, wurden christliche Kirchen errichtet. Dies gilt für die ältesten Kirchen: San Blas, Iglesia de Todos los Santos, die alte Kathedrale und San Francisco de Asis. Wenn Steine reden könnten!

Als Cuenca 1769 zum Bischofssitz ernannt wurde, erwachte der Wunsch nach einer neuen und prunkvolleren Kathedrale. Mehr als 100 Jahre später begann man mit dem Bau der sogenannten neuen Kathedrale, der 1968 beendet wurde. Ihre sechs Kuppeln - drei große und drei kleine - sind mit hellblauen Kacheln, gefertigt in der Tschechischen Republik, bedeckt, die sogar an regnerischen Tagen eine besondere Leuchtkraft entfalten. Daher ist die neue Kathedrale im Stadtbild weithin sichtbar. Die alte Kathedrale beherbergt nun ein Museum und dient als Konzertsaal, denn dank der alten Holzkonstruktion verfügt sie über eine hervorragende Akustik.

Neben der Tour durch die Altstadt ist ein Besuch des bereits erwähnten Museums und archäologischen Parks „Pumapungo“ („Portal des Pumas“) empfehlenswert. Einstmals ein wichtiges administratives, politisches und religiöses Zentrum des Inka-Reiches liegt es nun in Ruinen im Herzen der Stadt. Das Museum zeigt gut aufbereitete Informationen über die verschiedenen Kulturen der Ureinwohner Ecuadors. Ein anschließender Spaziergang über das ausgedehnte Gelände mit den archäologischen Resten ist eine ideale Gelegenheit, sich mit den kulturellen Wurzeln dieser Region und ihrer Energie zu verbinden.

Ein weiterer Höhepunkt eines Aufenthaltes in Cuenca ist der Besuch des Hausberges und Aussichtspunkts Mirador de Turi. Egal zu welcher Tageszeit – der Blick vom Aussichtspunkt auf die im Tal liegende, ausgedehnte Stadt ist ein Erlebnis! Auf dem Berg befindet sich eine einfache weiße Wallfahrtskirche, ein Souvenirladen und, etwas unterhalb, ein Keramikstudio mit sehenswerten, zum Teil auch ausgefallenen Stücken. Ein großes

Restaurant krönt den Aussichtsberg, von dessen Terrasse ich schon romantische Sonnenuntergänge betrachten konnte. An den Abenden der Vorweihnachtszeit erfreut der Blick auf das weihnachtlich beleuchtete Cuenca. Der Mirador de Turi ist ein hervorragender Ort, um einen besonderen Anlass zu begehen, und sei es, den Abschluss eines unvergesslichen Aufenthalts in dieser herzlichen und lebendigen Andenstadt zu feiern.

Für an Kunsthandwerk Interessierte sind Cuenca und Umgebung ein wahres Mekka. Die Region ist ein Zentrum der Hut-Flechtkunst, des berühmten „Jipijapa-Huts“ oder „Sombrero de Montecristi“, der weltweit unter dem irreführenden Namen „Panama-Hut“ bekannt geworden ist. Cuenca streitet sich mit dem Kanton Montecristi, wer die besten Hüte herstellt. Neben den berühmten Strohhüten gibt es auch andere Produkte aus dem Toquillo-Stroh, zum Beispiel kleine und große Körbe oder Gefäße, gerne auch mit Deckel. Das weiche Naturmaterial und die Färbungen machen diese Einzelstücke – hier gleicht keines dem anderen – zu besonderen Mitbringseln.

In der Altstadt von Cuenca und auch auf dem Mirador de Turi gibt es viele Keramik-Studios und Läden mit schönem Geschirr, Vasen und anderen dekorativen Stücken.

Erschöpft vom vielen Laufen kannst du einen Abstecher zu den Thermalbädern in Baños machen, einem kleinen Ort außerhalb von Cuenca (Achtung – dies ist ein anderes Baños als das oben beschriebene!).

Wenn du Zeit für einen längeren Ausflug hast, kannst du die nahegelegene Kleinstadt Gualaceo besuchen, malerisch gelegen an einem kleinen reißenden Fluss. Sie ist ein Mekka für

Kunsthandwerksfans – hervorzuheben ist die Ikat-Weberei, bei der nur Teile des Materials gefärbt werden, wodurch besondere Muster entstehen. Gualaceo ist zudem ein Zentrum der Lederproduktion, du findest hier Gürtel, Jacken, Schuhe und Taschen in großer Auswahl und guter Qualität. In der Markthalle kannst du am Stock über dem Feuer gegartes Meerschweinchen oder Hähnchen essen – oder ein Encebollado, eine typische Fischsuppe, genießen.

In puncto Auswahl an Schmuck ist der Ort Chordeleg, noch etwas hinter Gualaceo gelegen, Spitzenreiter, und das übrigens schon seit vor der Ankunft der Inkas. Rund um den zentralen Platz und auch in den angrenzenden Gassen reiht sich Schmuckladen an Schmuckladen. Hier ist man auf silbernen und goldenen Filigranschmuck spezialisiert, genauso werden aber auch andere Schmuckdesigns, von klassisch zeitlos bis modern, angeboten. In diesem ruhigen, sehr aufgeräumten und hübschen Ort findest du eine unglaubliche Auswahl zu guten Preisen.

34 REZEPT: „MOTE PILLO“ AUS DEM SÜDLICHEN ANDENHOCHLAND

Mote Pillo ist ein traditionelles ecuadorianisches Gericht aus den im südlichen Andenhochland gelegenen Provinzen Azuay und Cañar. Es wird mit Mote (geschältem großen weißen Mais, der weichgekocht ist), Zwiebeln, Knoblauch, Achiote, Eiern, Milch und Koriander oder Petersilie zubereitet. Mit Käsescheiben serviert, isst man es normalerweise zum Frühstück, begleitet von einem guten heißen Hochland-Kaffee. Man findet es aber auch als Beilage zu einem deftigen Mittagessen wie Schweinebraten. Mote, dieser große Kochmais, ist übrigens prähispanischen Ursprungs.
Mote Pillo ist sehr einfach zuzubereiten.

Zutaten:

- 4 Esslöffel gekochter Mote (weißer Riesenmais)
- 2 Esslöffel Achiote-Öl oder normales Öl
- 0,5 gehackte weiße Zwiebel
- 4 Eier
- Salz
- 2 Stängel Koriander oder Petersilie
- 3 Esslöffel Milch, je nach Geschmack.

Zubereitung:

In einer Pfanne das Öl oder Achiote-Öl erwärmen, die Zwiebel anbraten. Mote, Salz und schließlich die Eier unter ständigem

Rühren hinzugeben und gut vermischen. Den Koriander oder die Petersilie unterrühren.

Wenn die Eier gar sind, kannst du je nach Geschmack Milch zugeben. Es ist nicht unbedingt notwendig.

Abschmecken und mit einigen Käsescheiben sowie einem Stück Avocado servieren.

35 Ecuadors Kulturerbe: Der sogenannte „Panama-Hut“

Ein Klassiker des ecuadorianischen Kunsthandwerks hat einen ebenso populären wie irreführenden Namen: Der "Panama-Hut". Er wird gefertigt aus „Paja Toquilla“, dem Toquillo-Stroh, das aus den jungen Blättern der Palme "Carludovica Palmata" hergestellt wird, einer in Ecuador heimischen Pflanze mit einzigartigen Eigenschaften. In Ecuador werden diese Hüte „Sombrero Jipijapa“ oder „Sombrero Montecristi“ genannt, je nachdem ob man ihren Ursprung in Montecristi oder Jipijapa, beides Städte in der Provinz Manabí, sieht.

Schon die Ureinwohner an der Küste des heutigen Ecuador benutzten "tocas" (Hüte) aus Toquillo-Stroh, um sich vor der Sonne zu schützen. Das Hauptanbaugebiet dieser Palme liegt auch immer noch an der Küste in den Provinzen Manabí und Guayas. Ein Großteil des Strohs wird nach Cuenca und Umgebung verkauft und dort verwoben. Daher sieht man dort viele dieser Hüte. Man kann sie überall im Land kaufen.

Warum wird er dann Panama-Hut genannt, wenn er aus Ecuador kommt?

Durch die hohe Qualität und den guten Sonnenschutz wurden diese Hüte rasch bekannt und ab dem 19. Jh. exportierte man sie über Panama ins Ausland. Der Bau des Panamakanals (1914 eröffnet) löste eine große Nachfrage aus, da die Arbeiter einen guten Sonnenschutz benötigten. Von Panama aus wurde der Hut international bekannt und man begann ihn "Panama-Hut" zu nennen, obwohl sein Ursprungsort Ecuador ist. Eine nicht belegte Anekdote erzählt, dass US-Präsident Theodore Roosevelt bei seinem Besuch in Panama den Hut berühmt gemacht hat. So habe er, als er sich 1906 vor Ort ein Bild über den Baufortschritt des Kanals machte, diesen Hut bei den Arbeitern bewundert und sich daraufhin selbst einen zugelegt, woraufhin der Hut mit dem mittelamerikanischen Land verbunden wurde.

Heute steht fest, dass das Original aus Ecuador stammt, auch wenn der irreführende Name weiterhin verwendet wird.

Je nach Qualität dauert die Fertigung eines echten „Sombrero Montecristi“ ein bis acht Monate. Die Technik wird in den Familien von Generation zu Generation weitergegeben. In jedem Hut steckt sehr viel Arbeit: Die Behandlung und optimale Vorbereitung des Toquillo-Strohs benötigt mehrere Arbeitsschritte und das Weben eines Hutes ist mühsam und erfordert etliche Stunden, zum Teil abends und im Morgengrauen, bevor die Sonne zu heiß wird und die flechtenden Hände zu schwitzen beginnen.

Im Laufe der Zeit sind die Hüte zu einem Symbol für Ecuador geworden, da sie eine Verschmelzung von Natur, handwerklichem Geschick der Ecuadorianer und Volkskultur darstellen.

Seit 2012 gehört die Webkunst des Hutflechtens aus den Fasern des Toquillo-Strohs übrigens zum immateriellen Weltkulturerbe.

Wenn du dir also solch einen Hut kaufst, trägst du mit diesem Accessoire nicht nur echte Handwerkskunst aus Südamerika, sondern auch ein von der UNESCO prämiertes Kulturerbe auf dem Kopf.

36 Ingapirca – das Machu Picchu Ecuadors!

Wenn du Cuenca besuchst, rate ich dir zu einem Abstecher nach Ingapirca. Es ist die bedeutendste archäologische Stätte Ecuadors. Ein aus Vorzeiten stammender heiliger Ort mit einer sehr besonderen und kraftvollen Energie. Ingapirca ist ein Kichwa-Wort, das "Mauer der Inkas" bedeutet. Es liegt auf einer Höhe von 3.120 Metern, umgeben von grünen Bergen und weiten Feldern.

Im Gegensatz zum peruanischen Machu Picchu sind von diesen Tempelanlagen jedoch nur Reste übrig geblieben. Die in Ruinen liegenden Gebäude stammen aus der Zeit der Inkas. Sie wurden jedoch auf noch älteren Bauwerken des Volkes der Cañaris (aus ca. 800 v. Chr.) errichtet, die dort ein Observatorium erbaut hatten.

Die Cañaris gibt es heute noch als eine ethnische Gruppe von etwa 150.000 Menschen, die hauptsächlich in der heutigen Provinz Cañar und zu einem geringeren Teil in Azuay, der Nachbarprovinz, leben. Ihre Sprache ist Kichwa, mit Resten einer umfangreichen "Cañari"-Terminologie, die die Eroberung durch die Inkas und die Spanier überlebt hat.

Über den Ursprung des Volkes der Cañaris gibt es eine interessante Legende, die wiederum die Verflechtung von Mensch und Natur, in diesem Fall von Mensch und Fauna, zeigt. Sie erzählt, dass in Vorzeiten die gesamte Gemeinschaft eines Volkes in einer schrecklichen Flut unterging, allein zwei Brüder konnten sich auf den Gipfel des Berges Huacay-ñan, "Pfad der Tränen", retten, der über den Fluten thronte.

Die beiden überlebenden Brüder verließen tagsüber die Höhle, in die sie sich geflüchtet hatten, um nach Nahrung zu suchen. Als sie abends zurückkehrten, fanden sie zu ihrer Überraschung in der Höhle Essen vor. Dies wiederholte sich drei Tage lang. Schließlich wollten die beiden herausfinden, wer das geheimnisvolle Wesen war, das sie mit Nahrung versorgte. Sie beschlossen, dass einer der beiden Brüder wie an den vorangegangenen Tagen auf Nahrungssuche gehen und der andere sich in der Höhle verstecken solle.

Während der ältere Bruder in der Höhle wartete, um das Geheimnis zu lüften, betraten plötzlich zwei Guacamayas mit Frauengesichtern die Höhle. (Zur Erklärung: Guacamayas sind Aras, die eine Gattung innerhalb der Familie der Papageien bilden. Es handelt sich hier also um Vögel mit Frauengesichtern.) Er versuchte, sie zu ergreifen, aber sie flohen. Das Gleiche wiederholte sich noch zweimal. Dann tauschten die Brüder die Rollen und der jüngere Bruder versteckte sich. Als die beiden Aras wieder erschienen, gelang es ihm, die jüngere Ara zu fassen. Er heiratete sie und sie bekamen sechs Kinder, drei männliche und drei weibliche, die die Stammväter und -mütter des Volkes der Cañaris wurden. So stammt dieses Volk der Legende nach von Menschen und Vögeln ab.

Nachdem die Inkas die Region erobert hatten, errichtete deren Anführer Huayna Capac dort einen Ort der Anbetung und Verehrung des Sonnengottes, der höchste Gott der Inkas. Von den Tempelanlagen ist heute nicht mehr viel erhalten, da die Spanier die großen Quader für ihre Bauten in den umliegenden Orten verwendeten. Nur noch Grundrisse von Bauwerken und Mauerreste sind zu besichtigen. Allein die Ruine des mächtigen Sonnentempels vermittelt eine Vorstellung von der Größe und Wichtigkeit des Ortes. Der Sonnentempel wurde für religiöse Rituale genutzt. In unmittelbarer Nähe des Tempels können auch die Gruben besichtigt werden, die Vorratslager für Lebensmittel waren, sowie der Acllahausi, wo die Zeremonienjungfrauen lebten. Für die Nachkommen der Cañari, die in der Region leben, ist der Ort weiterhin eine Stätte von großer Bedeutung.

Es ist die am besten erhaltene archäologische Stätte Ecuadors. Daher wird es „Machu Picchu Ecuadors“ genannt. In Bezug auf die Bedeutung des Ortes und seine hohe Schwingung steht es dem peruanischen Weltwunder in keiner Weise nach.

Doch Ingapirca ist nicht nur für Reisende interessant, die an Archäologie und Geschichte interessiert sind. Direkt nach meiner Ankunft war mir klar, dass es dort einen Energievortex gibt. Ein Vortex ist ein hochschwingender Energiewirbel. Ingapirca ist ein hochenergetischer Ort, der förmlich vor Energie bebt und allein deshalb eine Reise wert ist. Hier befinden sich starke elektromagnetische Felder, deren Strahlung messbar ist.

An solchen Orten befinden sich oft Kirchen oder Tempel, so wie in diesem Fall. Die meisten Menschen spüren diese intensive Energie, indem sie sich besonders euphorisch und erfüllt fühlen.

Es kann auch sein, dass Gefühle wie Traurigkeit sich verstärken, weil sie noch einmal bewusst wahrgenommen werden wollen, bevor sie losgelassen werden - ein Transformationsprozess, der durch die Energie des Ortes unterstützt wird.

Du kannst von Cuenca aus einen von einer Agentur oder selbst organisierten Tagesausflug machen. Oder du reist mit dem Bus an und übernachtest vor Ort in einem Hotel. So habe ich es gemacht. Busfahren in Ecuador ist eine wunderbare Gelegenheit, Land und Leute sehr nah zu erleben. Auf dieser Busfahrt saß ich neben einer alten indigenen Frau in typischer Tracht, die während der Fahrt einen Hut flocht. So lernte ich diese Flechtkunst aus nächster Nähe kennen. Wir unterhielten uns sehr angeregt, bis der Bus stoppte - die Straße war wegen eines Erdrutsches kurz vor Ingapirca unterbrochen. Alle Businsassen mussten aussteigen und mit ihrem Gepäck Erdhügel überqueren und weiter bis zum Ort laufen. Einige Taxifahrer nutzten die Gelegenheit und warteten dort auf Passagiere, die mit ihrem Gepäck nicht die ganze Strecke – vielleicht 2 km – laufen wollten.

In meiner Unterkunft, der Posada Ingapirca, einer ehemaligen Hacienda, fühlte ich mich um Jahrhunderte zurückversetzt. Weißgetünchtes dickes Mauerwerk, knarrende Holzböden, funzeliges Licht und viele alte Gemälde und Alltagsgegenstände aus untergegangenen Welten, die die Flure schmücken.

Da es in den Höhenlagen nachts empfindlich kalt wird, zünden die Hotelmitarbeiter:innen abends die Kamine in den Zimmern an. Die Betten sind mit sehr dicken Decken ausgestattet, so dass es dem Gast an nichts mangelt.

Zum Abendbrot wird eine heiße Suppe serviert – in Ecuador liebt man Suppen, und sie schmecken auch alle köstlich – oder eine Colada mit Tortilla, ein einfaches Abendessen der Sierra. Danach – inzwischen herrscht draußen tiefe Dunkelheit und eine noch tiefere Stille - ziehen sich alle zum Schlafen zurück.

Am nächsten Morgen ist es zwar immer noch kühl, aber dank der Sonne ist das Klima angenehmer und es wird zusehends wärmer. Auf den hügeligen grünen Wiesen um das Hotel herum weiden Schafe und Lamas.

Nach dem Frühstück kannst du die wenigen Schritte zum Ausgrabungsgelände laufen und dich dort einer Führung anschließen. Hier erfährst du alles über Ursprung und Hintergrund dieser großen Anlage. Der Ort ist dank der astrologischen Kenntnisse der Urvölker perfekt gewählt. Die Einflüsse der unterschiedlichen Kulturen erkennt man an den zwei verschiedenen Baustilen. Die runde und dezente Bauweise der Cañari lässt sich gut von der eckigen und massiven Bauweise der Inkas unterscheiden. Ähnlich wie bei den Bauten des peruanischen Machu Pichu hatten die Inkas auch hier riesige Steinblöcke gewählt.

Nach der Besichtigung des Ausgrabungsgeländes kannst du durch die schöne Natur der Umgebung spazieren. In unmittelbarer Nähe der archäologischen Stätte kannst du die natürliche Felsformation „cara del inka“ (Gesicht des Inka) besichtigen, die dem Profil eines menschlichen Gesichts mit kantigen Zügen ähnelt.

Wer länger wandern möchte kann auf dem dreitägigen „Camino del Inca“ der originalen königlichen Ingañán-Inkastraße folgen, die einstmals Cuzco (Peru) mit Tomebamba (das heutige Cuenca) verband. Ingañán ist ein Kichwa-Wort und bedeutet "camino del inca". Flüsse, Seen, Berge, Felder und Ruinen von Brücken und Siedlungen inkaischen Ursprungs säumen diese Route.

37 Das Sonnenfest Inti Raymi

Inti Raymi ist das größte und wichtigste Fest der Inka-Kultur, das noch heute von den indigenen Andenbewohnern begangen wird. Der Name ist Kichwa und bedeutet „Fest der Sonne“: Inti – Sonne und Raymi – Fest. Überliefert ist es als eine religiöse Zeremonie der Inkas zu Ehren der Sonne zur Zeit der Wintersonnenwende auf der südlichen Erdhalbkugel, also gewöhnlich am 21. Juni. Im Jahreszeitenablauf der Südhalbkugel war es ein Erntedankfest. Gleichzeitig ist es der Moment, an dem sich die Sonne am weitesten von der Erde entfernt hat und ein neuer Zyklus ihrer Annäherung an die Erde beginnt. Gefeiert wurde also die Wiedergeburt der Sonne, die einen neuen Zyklus im kreisförmigen Zeitablauf der Inkas einleitete – in ihrer Kosmovision herrschte kein lineares, sondern ein kreisförmiges Zeitverständnis. Insofern entspricht dieses Fest dem westlichen Neujahrsfest.

Obwohl diese Feierlichkeiten heute unter dem Kichwa-Namen Inti Raymi bekannt sind, handelt es sich in Wirklichkeit um ein Fest, das bereits lange vor der Gründung des Inkareiches bei vielen Andenvölkern verbreitet war.

Gefeiert wurde intensiv und lange – laut Überlieferungen dauerte das Fest im Inkareich bis zu 14 Tage, an denen Tänze, Zeremonien und Opfer stattfanden. Zur Inkazeit wurde das letzte Inti Raymi mit der Anwesenheit des Inka am 21. Juni 1535 abgehalten und von den spanischen Eroberern dokumentiert.

Danach waren die Inti Raymi-Feierlichkeiten jahrhundertelang strengstens verboten, da sie von der katholischen Kolonialmacht als heidnische Riten angesehen wurden. Erst in der zweiten Hälfte des 20. Jh. wurden die Verbote gelockert. Heutzutage wird es in vielen andinen Gemeinschaften wieder gefeiert. Im nördlichen Teil des Andenhochlands Ecuadors erstrecken sich die damit verbundenen Feierlichkeiten über den ganzen Juni und bis in den Juli hinein. Jede Stadt hat ihre eigenen Riten und Bräuche, die teilweise tage- und nächtelang die Straßen beherrschen, so dass das alltägliche Leben zum Stillstand kommt. Mit uralten Zeremonien, Tänzen und Ritualen feiern die Andenvölker Inti Raymi. Am Anfang der Feierlichkeiten steht die rituelle Veranstaltung zu Ehren von Pacha Mama, der Mutter Erde, gefolgt von verschiedenen Formen kulturellen Ausdrucks wie Tanz und Gastronomie. Das Programm umfasst auch Sport, Kunst, Wettbewerbe und Ausstellungen.

Mancherorts ist auch das heutzutage umstrittene Tinkuy, eine Form ritualisierter Gewaltausübung zwischen Individuen oder auch Gruppen wie z.B. verschiedenen Dörfern, Teil der Feierlichkeiten. Der Sinn des Tinkuy liegt zum einen in der Überzeugung, dass jede Energie - Schweiß, Tränen und sogar vergossenes Blut - geeignete Opfergaben für Pacha Mama sind, die im Gegenzug dafür Sorge tragen wird, dass die kommende Ernte reich ausfallen wird. Zum anderen soll der Ausdruck von Gewalt im kontrollierten, ritualisierten Rahmen zu einer Harmonisierung der Beziehungen führen.

Inti Raymi ist in der Gegenwart ein Fest der Wiedererlangung und des Ausdrucks einer indigenen Identität, die im Laufe der vergangenen Jahrhunderte verloren gegangen ist. Es bietet den indigenen Ecuadorianern die Möglichkeit, sich zu vereinen und, wie sie sagen, stolz auf ihr Erbe und auf das, was sie heute sind, zu sein.

An Inti Raymi begeben sich die Mitglieder indigener Gemeinschaften zu in der Nähe gelegenen Quellen, Flüssen und Wasserfällen, um sich einer rituellen spirituellen Reinigung zu unterziehen, mit der Intention, ihre Energie zu erneuern und ihre Beziehung zu Mutter Natur zu stärken.

Es ist ein Moment der spirituellen Verbindung mit der Sonne. Die Menschen warten auf den Kontakt mit den ersten Sonnenstrahlen am 21. Juni, um sich von ihrer Energie zu nähren, in ihrem Licht zu meditieren und für die Wiederherstellung des Gleichgewichts zwischen der Natur, den Menschen und dem Kosmos zu beten. Es ist auch der Moment, um die Verbindung mit Mutter Erde zu erneuern, der Pacha Mama, die, genährt von der Kraft des Sonnenlichtes, die Früchte der Erde hervorbringt, mit denen sie die Menschen ernährt.

In den Bauerndörfern bitten die Bewohner um Hilfe für die nächste Aussaat und Ernte sowie für die Geburt von Ziegen, Schafen, Lamas, Vicuñas und Guanacos. Man dankt Taita Inti (Vater Sonne) dafür, dass er Pacha Mama (Mutter Erde) Licht spendet und die Ernte zum Wohle aller reifen lässt.

Gesang, Tanz und Musik mit Flöten, Sikus (ähnlich der Panflöte), Erkes (oder erque, auch coroneta oder quepa genannt - ein dem Horn ähnelndes Blasinstrument) und Cajas (Trommel) nehmen einen großen Raum bei den Festlichkeiten ein.

An Inti Raymi werden auf dem Platz in Cotacachi in der Sierra Norte Tänze von den indigenen Communities der Umgebung aufgeführt. Auch in Ingapirca im südlichen Andenhochland versammelt man sich und feiert jedes Jahr vom 17.-23. Juni, begleitet von Tanzgruppen aus den umliegenden Dörfern.

Ein weiterer wichtiger Aspekt der Feiertage ist die tägliche Pambamesa oder das gemeinsame Essen, zu dem alle mit Mais, Mote, Chochos, Kartoffeln, Hühnern, Meerschweinchen und Getränken beitragen. Die Speisen werden auch Pacha Mama angeboten. Hierzu wird ein Erdloch gegraben, das den geöffneten Mund von Pacha Mama symbolisiert, in den man die Speisen legt. Es ist üblich, ein heiliges Feuer zu entzünden, um das herum die Zeremonien stattfinden. Nach den Mahlzeiten gehen die Tänze weiter.

Bei den Feierlichkeiten spielt auch der Intihuatana oder Intiwatana eine wichtige Rolle. Wir hatten ihn bereits kennengelernt – es ist der "Ort, an dem die Sonne gebunden ist". Am 21. Juni, dem Tag der Wintersonnenwende, befindet sich die Sonne am weitesten von der Erde entfernt. Früher befürchteten die Menschen, dass Inti, der Sonnenvater, sie verlassen könnte. Um dies zu verhindern, wurde die Sonne symbolisch an den Intihuatana gebunden. Auch heute wiederholt man alljährlich dieses alte Ritual.

Die Gestalt des ebenfalls erwähnten Diablo Huma ist ein wichtiger Akteur während des Sonnenfestes Inti Raymi. Er erscheint als Teil einer Gruppe von Tänzern auf den großen Plätzen. Am Vorabend seines Auftritts legt er die Kleidung, die er am großen Tag tragen wird, an einen heiligen Ort, damit sie diese

Energie aufnimmt, die er am nächsten Tag durch den Tanz der Gemeinschaft weiterreicht.

Inti Raymi wird an vielen Orten im Andenhochland gefeiert. Sogar in der Hauptstadt Quito kannst du an diesem Tag den Moment des Sonnenaufgangs zum Beispiel im Parque Itchimbia begehen, begleitet von Trommeln und anderen traditionellen Musikinstrumenten, eingebettet in eine unglaublich intensive Energie, die den ganzen Körper durchströmt. Wenn du Gelegenheit hast, an diesem Ritual vor Ort teilzunehmen, wirst du reich beschenkt durch die sehr tiefe und innige Erfahrung der Verbindung mit der Natur und der Schöpfungsenergie.

Diesen Geist des Inti Raymi und seine Energie kannst du auch in der anschließenden Meditation zu Inti Raymi erleben.

38 Sonnen-Meditation Inti Raymi

In dieser Meditation reisen wir in die Anden Ecuadors. Wir feiern das Fest Inti Raymi, das Fest, bei dem die indigene Bevölkerung des Kontinents seit Vorzeiten der Sonne für ihre Energie und ihr Licht, und, im übertragenen Sinne, auch dem göttlichen Licht, dankt. Auch Mutter Erde, der Pacha Mama, wird für alles gedankt, was sie hervorbringt, um Leben zu spenden und zu bewahren.

Der 21. Juni, Tag des Inti Raymi, ist ein besonderer Moment, in dem sich die Magnetfelder von Erde und Sonne öffnen und miteinander verschmelzen. Hier öffnet sich ein Portal, das ein großes Potential an Manifestationskraft, Transformation und, damit einhergehend, Blockadenlösungen birgt. Es unterstützt uns dabei, unsere Aufgabe in diesem Leben deutlicher zu verstehen und noch tiefer in uns selbst, in unserer ureigenen Essenz, zu wurzeln.

Suche dir nun einen ruhigen Platz, wo du entspannt sitzen kannst. Deine Füße stehen flach auf dem Boden. Atme mehrmals tief ein und aus und komme ganz bei dir an. Schließe für einen Moment deine Augen, um dich ganz auf deinen Atem zu konzentrieren. Er führt dich in eine tiefe Ruhe.

Und jetzt, in einem Wimpernschlag, nehme ich dich wie in einer Zeitreisemaschine mit in die Anden Ecuadors. Du landest an einem Ort in der Natur, kannst jedoch zunächst nichts sehen, denn es ist dunkel um dich herum. Es ist noch vor Tagesanbruch. Du stehst mit deinen nackten Füßen auf der Erde und spürst ihre

Kühle und Textur unter deinen Fußsohlen. Nun setzt du die Intention, dass sich deine Füße mit der Erde verbinden. Schon fühlst du zarte Wurzeln aus deinen Fußsohlen wachsen. Visualisiere, wie diese Wurzeln weiter in das Erdreich hineinwachsen und immer größer werden. Sie verzweigen sich, werden kräftiger und geben dir Halt. Die intensive Schwingung der Erde an diesem Ort überträgt sich durch deine Fußwurzeln auf deinen Körper, du nimmst sie wie ein Kribbeln an deinen Fußsohlen wahr.

Die Wurzeln aus deinen Füßen wachsen immer tiefer in die Pacha Mama hinein. Sie verankern dich tief und fest in Mutter Erde, dringen vor bis zum Mittelpunkt von Mutter Erde. Nimm diese Verbindung zur Erde ganz bewusst wahr, und wie sie sich freut, dass du in diesem Moment ganz präsent bist und zu ihr kommst. Lass Dankbarkeit in dir wachsen – Dankbarkeit gegenüber Mutter Erde, die immer da ist, nährend, fürsorglich, versorgend und umsorgend. Spüre ihre besondere Frequenz, die eine gute, beruhigende und heilende Wirkung hat. Sie erdet dich in deiner eigenen Wohlfühl-Frequenz.

Mutter Erde kennt dich und sie freut sich, dass du jetzt bei ihr bist. Lass ihre Heilenergie, diese wunderbar zarte Energie, die sie dir im Übermaß schenkt, in dir aufsteigen. Nimm wahr, wie sie durch deine Füße und Beine langsam hinauf steigt, sich in deinem Becken ausbreitet und deinen Solarplexus, deinen Bauchraum, mit Licht und Wärme füllt.

Erhebe nun deine Augen zum Horizont. Bald geht die Sonne auf, du siehst bereits den hellen Streifen am Horizont, und Inti – die Sonne – wird nun erscheinen. Am Äquator sind die

Sonnenaufgänge schnell. Schau genau hin, um jede Veränderung wahrzunehmen.

Gerade und ganz aufgerichtet stehst du da, fest verwurzelt in der Erde. Du streckst nun deine Arme der Sonne entgegen, dem sich immer mehr zeigenden Licht. Dieses Licht ist heute für dich da, du kannst es für dich und dein Leben in Anspruch nehmen. Es ist die Leuchtkraft und Wärme der Sonne, und gleichzeitig ein Ausdruck der Fülle, Stärke und Klarheit - auch der geistigen Klarheit. Es ist lebensspendend. Lass tiefe Freude, diesen jubelnde ekstatische Freude in dir aufsteigen. Spüre gleichzeitig den unendlichen Frieden, der sich in dir ausbreitet.

Verbinde dich mit diesem Licht als Ausdruck des höchsten Lichts – Licht des Universums oder Licht Gottes, wie auch immer du es nennen magst. Erkenne, dass es dein Licht ist, denn es ist ein Spiegel deiner selbst: Du bist Licht.

Und während sich die Sonne über den Horizont erhebt, führst du dieselben Gesten aus, wie es die indigenen Völker der Anden seit Vorzeiten tun: Aufgerichtet streckst du deine Arme aus, der Sonne entgegen: Du nimmst die Sonne, Taita Inti, in Empfang, schließt sie in deine Arme und liebkost sie. Wenn du magst, küsst du sie, mit einem Herz voller Freude und dankbar für all die wunderbaren Gaben, die dir das Leben, hier auch symbolisiert durch die Sonne, schenkt.

Dein Körper richtet sich noch mehr auf, er scheint der höher steigenden Sonne entgegen zu wachsen. Spüre dich, wie du dort stehst: aufrecht, klar, energiegeladen und heil, ganz heil. Du bist völlig gesund und so, wie du von jeher, seit Beginn der

Schöpfung, gedacht warst. Spüre diese Wahrheit in deinem Körper, lass sie in all deine Zellen sinken.

Empfange und genieße mit all deinen Sinnen. Lass zu, dass das Sonnenlicht über deinen Scheitel in deinen Körper eindringt und deinen Kopf – Stirn, Augen, Ohren, Nase, Mund – erfüllt. Es fließt durch dein Hals-Chakra und macht es frei. Nun breitet es sich in deinem Herzraum aus, löst Verhärtungen und heilt die Verwundungen deines Herzens. Schließlich trifft es in deinem Solarplexus, im Bauchraum, auf die Energie der Erde und vermischt sich mit ihr.

Lass die Verschmelzung dieser beiden starken Magnetfelder in deinem Körper zu. Du musst nichts tun. Gib dich diesem starken inneren Fluss hin. Völlig gleich, ob du es wahrnimmst oder nicht. Halte den Raum, lass es einfach geschehen, sei offen.

Es hilft auch hier, wenn du eine Intention setzt: Ich bin bereit, ich bin hier. Es darf etwas geschehen, was sich mir und der Kontrolle durch mein oberflächliches Bewusstsein entzieht. Denn das, was hier geschieht, ist größer als alles, was mein Tagesbewusstsein erfassen und nachvollziehen kann.

Lass zu, dass dieses zirkulierende Licht, dieser Lichtfluss, alle Blockaden entfernt, all das, was dich oft daran hindert, dein Licht und deine Klarheit zu leben. Lass allen tiefen, inneren Groll, abgespeicherte Wut, Neid und Eifersucht gehen. Auch dein falsches Selbstbild, das dir suggeriert, du seist wertlos, schlecht und unfähig, darf wegschmelzen wie Eis in der Sonne. Du musst nichts bearbeiten, sondern einfach loslassen, ohne jegliche Selbstvorwürfe. Du hast nichts falsch gemacht. Du bist jetzt hier, um wieder ganz frei zu werden.

Wenn ein Teil von dir jetzt denkt: Das bringt doch nichts, eigentlich brauche ich etwas anderes, dann sprich zu diesem Teil: Du bist versorgt. Du hast alles, was du brauchst. Es ist alles schon da.

Was du brauchst, ist ein freier Zugang zu dieser starken Energie von Pacha Mama und Taita Inti. Aus diesem Fluss der kosmischen Energie heraus kannst du dein Leben mit Leichtigkeit neu manifestieren. Du bist wahrhaft geerdet. Und klar ausgerichtet. Du bist in deiner größten Schöpferkraft. Du kannst nun Ziele formulieren und mit ihrer Umsetzung beginnen. Wirklich große Lebensvisionen beginnen in uns selbst und drücken sich dann im Außen aus.

Spüre intensiv diesen Moment des inneren Gleichgewichts, wie du mit deinen nackten Füßen in der dich liebevoll umsorgenden Pacha Mama verwurzelt bist und deinen Scheitel nach oben zur Sonne ausgerichtet hast, die dich zärtlich liebkost. Speichere dieses Bild und deine Emotionen ab, damit du es jederzeit abrufen kannst, wenn du dich wieder mit diesen beiden kraftvollen Schöpfungsenergien verbinden möchtest. Du bist nicht allein, alles ist für dich und unterstützt dich.

Bedanke dich nun bei allen Elementen, bei der Pacha Mama und der Sonne, für alles, was du empfangen hast. Komm dann mit 3-5 tiefen Atemzügen zurück in den Raum, in dem du dich jetzt befindest. Bewege deine Arme und Füße und sei wieder ganz bei dir und in deinem Körper, präsent im Hier und Jetzt

39 Rezept: Salud! Von der Sonne verwöhnte Obstsäfte

Dank der Kraft der Äquator-Sonne gibt es in Ecuador, wie bereits eingangs erwähnt, ein reichhaltiges Angebot an Obst. Manche mir zuvor unbekannten Obstsorten habe ich sehr lieben gelernt. So auch die beiden im Andenhochland beheimateten Obstsorten Naranjilla und Taxo.

Sie werden zu vitaminreichen Säften verarbeitet, die aufgrund ihrer Säure gute Durstlöscher sind. Darüber hinaus kannst du durch den Verzehr dieser Früchte die stärkende und heilende Äquator-Sonne in dich aufnehmen.

Rezept: Naranjilla-Saft

Naranjilla ist eine in Ecuador und anderen lateinamerikanischen Ländern sehr beliebte Frucht. Sie wird auch Lulo oder Quitotomate genannt, letzteres vielleicht, weil sie aus den Anden stammt. Wegen ihrer Säure werden Säfte mit Naranjilla immer mit Zucker zubereitet.

Naranjilla wird bei der Zubereitung sowohl von Süßspeisen wie Desserts und Kuchen und Getränken – du erinnerst dich an den Canelazo - als auch bei herzhaften Gerichten wie einem Seco de Chivo (einem typischen Gericht aus Ziegenfleisch) verwendet.

Zutaten:

- 1 l Wasser
- 200 g Zucker

- **6 Naranjillas**

Zubereitung:

Die Naranjillas schälen und mit dem Zucker und dem Wasser in einen Mixer geben und gut durchmixen.

Den Saft durch ein Sieb streichen und servieren.

Rezept: Taxo-Saft

Auch Taxo, wie die Frucht in Ecuador genannt wird, ist in den Anden beheimatet und wird in Ecuador angebaut. Sie hat eine bananenähnliche ovale Form, und ihr Fruchtfleisch ähnelt der Passionsfrucht. Tatsächlich gehört sie auch wie die Passionsfrucht zur Gattung Passiflora. Im Englischen wird sie wegen ihrer Bananenform und der Farbe ihrer Schale „banana passion fruit“ - Bananenpassionsfrucht – genannt.

Geschmacklich ist sie eine köstliche Mischung von dezent süßlichen und gleichzeitig leicht säuerlichen Aromen.

Zudem ist Taxo eine echte Gesundheitsbomde: Reich an Kalzium, Phosphor, Eisen, den Vitaminen A, B1, B2, B3 und C. Aufgrund ihrer beruhigenden Eigenschaften wird ihr Verzehr bei Schlaflosigkeit und Stress empfohlen. Weiterhin heißt es, dass sie Kopfschmerzen reduziere, die Verdauung verbessere und das Immunsystem stärke.

Aus der tropischen Frucht Taxo macht man in Ecuador ein köstliches Getränk.

Zutaten:

- 6 reife Taxos

- 450 ml Milch
- 1 l Wasser
- Zucker nach Geschmack

Zubereitung:

Die Taxos gut waschen, längs durchschneiden und das Fruchtfleisch mit einem Löffel herauskratzen. Das Fruchtfleisch mit Milch, Wasser und Zucker in den Mixer geben und gut durchmixen.

Danach durch ein Sieb streichen und abschmecken – eventuell benötigt das Getränk noch mehr Zucker - und servieren.

Schlussworte

Mit diesem Genuss von purer Äquator-Sonnenenergie endet unsere Rundreise durch die Anden Ecuadors.

Es ist an der Zeit, Abschied zu nehmen.

Abschied von der intensiv strahlenden Sonne, der dünnen und klaren Hochgebirgsluft, den kalten Nächten und warmen Tagen, den herzlichen Menschen und ihren lachenden Gesichtern, den bunten Farben und lauten Städten, der Musikbeschallung und der tiefen Stille in der Natur, dem schmackhaften und abwechslungsreichen Essen, den köstlichen Früchten.

Abschied von Vulkanen, Wasserfällen, üppiger Flora, großen Bäumen und farbenfrohen Blumen und Sträuchern.

Vergegenwärtige dir in diesem Moment den Ort oder die Orte, die dich besonders berührt haben, so dass sie zu einem persönlichen Kraftort für dich geworden sind. Von ihnen verabschiedest du dich nicht, denn sie bleiben in deinem Leben und stehen dir stets als Kraftquelle zur Verfügung.

Dieses Buch gibt einen kleinen Einblick in eine Region. Reizt es dich nun, dieses einzigartige Land kennenzulernen?

Ich freue mich, wenn ich dir mit diesem Appetithäppchen Lust auf mehr gemacht habe und dir Impulse für eine physisch-reale Reise nach Ecuador und auch für deine innere Reise, hin zu dir selbst, geben konnte.

Ecuador ist auf jeden Fall eine Reise wert!

Schreib mir, wenn du dich dafür interessierst, Fragen hast oder gerne weitere Impulse erhalten möchtest.

Gerne unterstütze ich dich auch bei Reisen zu anderen Kraftorten. Du erreichst mich über meine Webseite https://kirstenfrangenberg.com.

Du kannst mir auf den sozialen Medien folgen: https://www.facebook.com/lebedeinevision und https://www.instagram.com/kirstenfrangenberg.

Ich bedanke mich bei dir für dein Interesse und deine Aufmerksamkeit und wünsche dir alles gute für deine weitere Reise!

Über die Autorin

Kirsten Frangenberg, gebürtige Kölnerin, lebte in vielen Ländern und Kulturen, seit sie ihr Elternhaus nach dem Abitur verließ. Ihr Hochschulstudium absolvierte sie in Alcalá de Henares/Spanien und Bonn.

Danach zog es sie in verschiedene europäische Länder und schließlich nach Südamerika. In den letzten Jahren liegen ihre Lebensmittelpunkte vor allem in Ecuador/Südamerika und Europa.

Dank ihrer verschiedenen Ausbildungen als Business-, Life- und Spiritueller Coach verfügt sie über einen umfassenden Blick für

Anliegen der Persönlichkeitsentwicklung und des persönlichen Wachstums.

Sie bietet Coaching- und Retreat-Reisen an zu den Kraftorten, an denen sie selber und viele andere Heilung und Erdung erfahren durften.

Als Autorin schreibt sie über Coachingthemen, inneres Wachstum und natürlich über Ecuador.

Printed in Poland
by Amazon Fulfillment
Poland Sp. z o.o., Wrocław

47870282R00128